U0109368

古典文獻研究輯刊

二六編

潘美月・杜潔祥 主編

第11冊

清帝國本部政區資料輯攷（下）

蔡 宗 虎 著

國家圖書館出版品預行編目資料

清帝國本部政區資料輯攷(下)／蔡宗虎 著 — 初版 — 新北市：
花木蘭文化事業有限公司，2018〔民107〕
目 4+152 面；19×26 公分
（古典文獻研究輯刊 二六編；第 11 冊）
ISBN 978-986-485-355-7（精裝）
1. 疆域 2. 方志 3. 清代
011.08   107001763

ISBN-978-986-485-355-7

9 789864 853557

古典文獻研究輯刊
二六編 第十一冊   ISBN：978-986-485-355-7

清帝國本部政區資料輯攷（下）

作　　者　蔡宗虎
主　　編　潘美月　杜潔祥
總 編 輯　杜潔祥
副總編輯　楊嘉樂
編　　輯　許郁翎、王筑　美術編輯　陳逸婷
企劃出版　北京大學文化資源研究中心
出　　版　花木蘭文化事業有限公司
發 行 人　高小娟
聯絡地址　235 新北市中和區中安街七二號十三樓
　　　　　電話：02-2923-1455／傳真：02-2923-1452
網　　址　http://www.huamulan.tw 信箱 hml 810518@gmail.com
印　　刷　普羅文化出版廣告事業
初　　版　2018 年 3 月
全書字數　177462 字
定　　價　二六編 25 冊（精裝）新台幣 48,000 元

清帝國本部政區資料輯攷（下）

蔡宗虎　著

目
次

西藏政區攷

　　清代各大政區之複雜度，以西藏爲最，直省繁雜者不過爲土司之設置耳，蒙古地區盟旗之設亦較劃一，而西藏政區之主體乃沿襲藏人之傳統稱爲宗。而其部落之情形尤爲繁雜，因宗教之獨大與夫政教一體之社會性質，存大喇嘛統治之部落。亦存吐蕃王朝解體而遺留之小王國若拉達克，波密。亦因西藏本土爲藏傳佛教各大教派之中心，亦存在政教隸屬關係之部落若哲孟雄（今印度佔據之錫金地區），布魯克巴（今不丹），羅部落（今尼泊爾佔據之木斯塘地區），作木朗（今尼泊爾佔據之久姆拉地區），其餘所屬之部落亦多，此爲西藏政區繁雜之實在。而清代史籍於藏地政區記載之歧異亦增加認識上之困難耳。清代之史籍若前後三次編修之《大清一統志》，以及《皇朝文獻通攷》《皇朝續文獻通攷》以漢人之習慣稱之爲城。而《欽定理藩部則例》（光緒），《欽定大清會典》（嘉慶朝），《清史稿》及《衛藏通志》諸書則稱之爲宗或營，且宗名與城名所用譯字不同，數量亦且不等，徒增攷證之困難耳，茲一一詳攷之。

西藏之宗

達賴屬宗

　　《欽定理藩部則例》（光緒）卷六十二

序號	宗　名	今　地　攷
一	邊境宗	
1	江卡	西藏芒康縣。
2	堆噶爾本	西藏噶爾縣昆莎鄉噶爾亞沙仲措附近。冬季則遷至噶爾昆沙，今西藏噶爾縣昆莎鄉附近。此二地結在森格噶爾藏布河上下游。《中國分省系列地圖集・西藏》
3	哈拉烏蘇	西藏那曲縣。
4	錯拉	西藏錯那縣。
5	帕克哩	西藏亞東縣帕里鎮。
6	定結	西藏定結縣定結鄉。
7	聶拉木	西藏聶拉木縣。
8	濟嚨	西藏吉隆縣吉隆鎮。
9	官覺	西藏貢覺縣哈加鄉曲卡村。
10	補仁	西藏普蘭縣。
11	博窩	西藏波密縣松宗鎮。
12	工布碩卡	西藏工布江達縣巴河鎮雪卡村，雪卡村與連巴村相鄰。
13	絨轄爾	西藏定日縣絨轄鄉。
14	達壩噶爾	西藏札達縣達巴鄉。
二	大宗	
1	乃東	西藏乃東縣。
2	瓊結	西藏瓊結縣。
3	貢噶爾	西藏貢嘎縣。
4	崙孜	西藏隆子縣。
5	桑昂曲宗	西藏察隅縣古玉鄉布玉村塔巴寺。
6	工布則崗	西藏林芝縣布久鄉則拉崗村《中國文物地圖集・西藏》。
7	江孜	西藏江孜縣。
8	昔孜	西藏日喀則市。
9	協噶爾	西藏定日縣。
10	納倉	西藏申札縣。
三	中等宗	
1	洛隆宗	西藏洛隆縣康沙鎮。
2	角木宗	西藏林芝縣八一鎮足木村《中國文物地圖集・西藏》。
3	打孜	西藏達孜縣雪鄉達孜村。
4	桑葉	西藏札囊縣桑葉鎮。
5	巴浪	西藏白朗縣嘎東鎮白學村。

序號	宗　名	今　地　攷
6	仁本	西藏仁布縣。
7	仁孜	西藏薩迦縣查仁鄉或雄瑪鄉。 西藏薩迦縣駐地薩迦鎮東下嘎，此爲網絡資料。
8	朗嶺	西藏南木林縣。
9	宗喀	西藏吉隆縣。
10	撒喀	西藏薩嘎縣達吉嶺鄉。
11	作崗	西藏左貢縣田妥鎮。
12	達爾宗	西藏邊壩縣邊壩鎮普玉村。 西藏波密縣西北，此爲網絡資料。
13	江達	西藏工布江達縣江達鄉太昭村。
14	古浪	西藏朗縣登木鄉附近。 西藏朗縣仲達鎮，此爲網絡資料。
15	沃卡	西藏桑日縣白堆鄉白堆村《中國文物地圖集・西藏》。 另桑日縣有沃卡村。
16	冷竹宗	西藏林周縣甘丹曲果鎮《中國文物地圖集・西藏》。 西藏林周縣松昌鄉宗學村附近。
17	曲水	西藏曲水縣。
18	奪宗	西藏洛札縣洛札鎮。
19	僧宗	西藏洛札縣生格鄉。
20	雜仁	西藏札達縣札布讓區《西藏自治區地圖冊》。
21	茹拖	西藏日土縣日松鄉。
22	鎖莊子	西藏索縣。
23	奪	西藏貢嘎縣朗傑學鄉。
24	結登	西藏邊壩縣沙丁鄉。
25	直谷	西藏措美縣哲古鎮。
26	碩板多	西藏洛隆縣碩督鎮。
27	拉里	西藏嘉黎縣嘉黎鎮。
28	朗	西藏朗縣。
29	沃隆	西藏米林縣臥隆鎮。
30	墨竹	西藏墨竹工卡縣。
31	卡爾孜	西藏當雄縣寧中鄉擴查果巴村附近。
32	文札卡	西藏乃東縣澤當鎮查卡學村。
33	轄魯	西藏曲松縣曲松鎮下洛村。
34	策堆得	西藏堆龍德慶縣德慶鄉。
35	達爾瑪	西藏洛札鄉札日鄉曲措村《中國文物地圖集・西藏》。 西藏措美縣乃西鄉達馬村《西藏自治區地圖冊》。
36	聶母	西藏尼木縣。

序號	宗　名	今　地　攷
37	拉噶孜	西藏浪卡子縣。
38	嶺	西藏浪卡子縣推鄉《西藏自治區地圖冊》。 西藏浪卡子縣駐地浪卡子東南林，此爲網絡資料。
39	納布	西藏南木林縣拉布普鄉。
40	嶺喀爾	西藏南木林縣達孜鄉或索金鄉。
41	朗錯	西藏南木林縣有嘉錯宗和甲錯鄉。
42	羊八井	西藏當雄縣羊八井鎮。
43	麻爾江	西藏尼木縣麻江鄉。
四	小宗	
1	雅爾堆	西藏乃東縣亞堆鄉。
2	金東	西藏朗縣金東鄉。
3	拉歲	西藏加查縣拉綏鄉。
4	撒拉	西藏林周縣春堆鄉撒當村。
5	浪蕩	西藏林周縣甘丹曲果鎮朗唐村。
6	頗章	西藏乃東縣頗章鄉。
7	札溪	西藏札囊縣雜其鄉。
8	色	西藏曲水縣達嘎鄉色達村。
9	堆沖	西藏江孜縣康卡鄉吉定村附近。
10	汪墊	西藏白朗縣旺丹鄉。
11	甲錯	西藏定日縣有加措鄉。
12	拉康	西藏洛札縣拉康鎮。
13	瓊科爾結	西藏加查縣崔久鄉。
14	蔡里	西藏拉薩市城關區蔡公堂鄉
15	曲隆	西藏達孜縣德慶鎮曲隆村
16	札稱	西藏札囊縣阿札鄉章達村附近。
17	折布嶺	西藏拉薩市內。
18	札什	西藏拉薩市內。
19	洛美	西藏林周縣旁多鄉工白郎附近。
20	嘉爾布	西藏拉薩市內。
21	朗茹	西藏拉薩市納金鄉朗如村。
22	哩烏	西藏拉薩市柳梧鄉。
23	降	西藏曲水縣南木鄉江村。
24	業黨	西藏曲水縣聶唐鄉。
25	工布塘	西藏拉薩市城區內貢布堂村。

班禪屬宗

《清史稿》卷一百十七

序號	宗　名	今　地　名
一	大宗	
1	拉孜	西藏拉孜縣曲下鎮。
2	練	西藏日喀則市內卡對村或聯珠村。
3	金龍	西藏定結縣駐地東北《西藏地名》。
二	中等宗	
1	昂忍	西藏昂仁縣。
2	仁侵孜	西藏謝通門縣仁欽則鄉。
3	結侵孜寺	西藏日喀則市聶日雄鄉江慶則村《西藏自治區地圖冊》。
4	帕克仲	西藏日喀則市納爾鄉帕中村《西藏自治區地圖冊》。
5	翁貢寺	西藏日喀則市江當鄉恩貢寺。
6	干殿熱布結寺	西藏日喀則市土布加鄉熱拉雍仲林寺。
7	托布甲	西藏日喀則市土布加鄉，似即此地。
8	里卜	待攷。
9	德慶熱布結寺	西藏南木林縣南木林鎮嘎布村。
10	絨錯	西藏拉孜縣駐地東北有若錯村，是否即此，待攷《西藏地名》。
11	央	西藏南木林縣多角鄉央村。
12	蔥堆	西藏白朗縣巴札鄉沖堆村。
13	脅	西藏謝通門縣通門鄉。
14	干壩	西藏崗巴縣。
三	小宗	
1	彭錯嶺	西藏拉孜縣彭措林鄉。
2	倫珠子	待攷。
3	拉耳塘寺	西藏日喀則市曲美鄉那當村納塘寺。
4	達爾結	待攷。
5	甲沖	待攷。
6	哲宗	待攷。
7	擦耳	西藏南木林縣查爾鄉。
8	晤欲	西藏南木林縣達孜鄉鄔鬱村《西藏自治區地圖冊》。
9	碌洞	待攷。

序號	宗　名	今　地　名
10	科朗	西藏謝通門縣駐地東北有空朗村，是否即此，待攷《西藏地名》。
11	札喜孜	待攷。
12	波多	西藏南木林縣駐地東北有波多村，是否即此，待攷《西藏地名》。
13	達木牛廠	西藏當雄縣。
14	凍噶爾	西藏日喀則市東嘎鄉。
15	札苦	待攷。

西藏之城

《大清一統志》（嘉慶）載西藏之城

卷五百四十七

其地有四，曰衛，曰藏，其東境曰喀木，其西境曰阿里，共轄城六十餘，一切賦稅具獻之達賴喇嘛等，其進貢二年一次，貢道由西寧入，其互市在四川徼外打箭爐之地。

衛，在四川打箭爐西北三千餘里，即烏斯藏也，番字烏加斯字，切音作衛，蓋彼時尚有微識西番字者，而不知切音之爲衛也，居諸藏之中，故亦名中藏，東自木魯烏蘇西岸西海部落界，西至噶木巴拉嶺藏界。一千五百三十三里。南自鄂木拉岡沖嶺，北至牙爾佳藏布河，二千二百餘里。

藏，在衛西南五百餘里，東自噶穆巴拉嶺衛界，西至麻爾岳木嶺阿里界，一千八百八十二里，南自帕里宗城之畢爾拉嶺，北至者巴部落至北打魯克爾撮池，一千三百餘里。

喀木，在衛東南八百三十二里，近雲南麗江府之北，東自鴉龍江西岸，西至努卜公拉嶺衛界，一千四百里，南自噶克拉岡里山，北至木魯烏蘇南岸，一千七百里，東南自云南塔城關，西北至索克宗城西海部落界，一千八百五十里，東北自西海部落界阿克多穆拉山，西南至塞勒麻岡里山，一千五百里。

阿里，爲西藏之極西邊境，東自藏界麻爾岳木嶺，西至巴第和木布嶺，二千一百餘里，南自匝木薩喇嶺，北至烏巴拉嶺，一千三百餘里。

衛地諸城

首曰喇薩，在四川打箭爐西北三千四百八十里，本無城，有大廟，土人共傳唐文成公主所建，今達賴喇嘛居此，有五千餘戶，所居多二三層樓，遇有事即保守此地，其餘凡有官舍民居之處，於山上造樓居，依山爲塹，即謂之城。曰。

得秦城，在喇薩東南三十八里。

奈布東城，在喇薩東南二百二十里。

桑里城，在喇嘛東南二百五十一里。

垂佳普朗城，在喇薩東南二百六十里。

野而古城，在喇薩東南三百十里。

達克匝城，在喇嘛東南三百三十七里。

則庫城，在喇薩東南三百四十里。

滿撮納城，在喇嘛東南四百四十四里。

拉巴隨城，在喇薩東南四百四十里。

札木達城，在喇薩東南五百四十里。

達喇馬宗城，在喇薩東南五百六十里。

古魯納木吉牙城，在喇薩東南六百二十里。

碩噶城，在喇薩東南六百四十里。

朱木宗城，在喇薩東南七百五十里。

東順城，在喇薩東南七百七十里。

則布拉岡城，在喇薩東南八百七十里。

納城，在喇薩東南九百六十里。

吉尼城，在喇薩東南九百八十里。

日噶牛城，在喇薩西南三十里。

楚舒爾城，在喇薩西南一百十五里。

日喀爾公喀爾城，在喇薩西南一百四十里。有番民二萬餘家，爲衛地最大之城。

岳吉牙來雜城，在喇薩西南三百三十里。

多宗城，在喇薩西南四百二十里。

僧格宗城，在喇薩西南四百三十里。

董郭爾城，在喇薩西二十五里。

第巴達克匝城，在喇薩東北九十二里。

倫朱布宗城，在喇薩東北一百二十里。

墨魯恭噶城，在喇薩東北一百五十里。

蓬多城，在喇薩東北一百七十里。

以上凡三十城，量地大小，人之多寡，各設宗布木一二人，管理民事，凡五戶出一兵，每馬兵二十五名，步兵二十五名，設一丁布木轄之，其兵多之地，丁布木一城有至數十人者，凡人馬糗糧器械，皆按戶均派，有用時傳集，事畢仍爲民，又衛地東北，俞青海諸部接處，哈喇烏蘇設一堪布喇嘛，木魯烏蘇設一蒙古寨桑，以供應往來使者馬匹鄉導，及文移郵遞之處。

藏地諸城

首曰日喀則城，在喇薩西南五百三十三里，其先藏巴汗居之，今爲班禪喇嘛所居，戶二萬三千餘，兵五千三百餘。其餘曰：

林奔城，在日喀則城東一百九十一里。

納噶拉則城，在日喀則城東二百五十里。

拜的城，在日喀則城東三百三十二里。

拜納木城，在日喀則城東南七十里。

季陽則城，在日喀則城東南一百二十里，戶三萬餘，兵七千五百餘。

烏雨克靈喀城，在日喀則城東南三百七十里。

丁吉牙城，在日喀則城西南四百十里。

羅西噶爾城，在日喀則城西南五百四十里。

帕爾宗城，在日喀則城西南六百四十里。

盆蘇克靈城，在日喀則城西南七百二十三里。

濟隆城，在日喀則城西南七百四十里。

阿里宗城，在日喀則城西南七百六十里。

尼牙拉木宗城，在日喀則城西南七百八十里。

尙納木林城，在日喀則城西北一百十里。

章拉則城，在日喀則城西北八百十里。

章阿布林城，在日喀則城西北九百七里。

以上凡十七城，惟日喀則，季陽則二城最大，其俗制與衛略同。

喀木諸城

首曰巴塘城，在喇薩東南二千五百里。

又節達穆城，在巴塘城東南五百八十里，其地舊名中甸。

桑阿充宗城，在巴塘城西南六百里。

匝坐里岡城，在巴塘城西北三百五十里。

薄宗城，在巴塘城西北六百里。

蘇爾莽城，在巴塘城西北八百里。

羅隆宗城，在巴塘城西北八百五十里。

解凍城，在巴塘城西北九百五十里。

舒班多城，在巴塘城西北一千一百五十五里。

達爾宗城，索克宗城，俱在巴塘城西北一千二百二十里。

滾卓克宗城，在巴塘城北二百八十里。

裹塘城，在巴塘東北三百里。

本朝康熙五十年，以巴塘里塘隸四川，中甸隸雲南，並設官兵駐防。

阿里諸城

布拉木達克喇城，在布拉木之地，距喇薩西南二千五百餘里。其所屬有喀爾多木日底二城。

又古格札什魯木布則城，在喇薩西南二千四百九十餘里。其所屬有沖龍，則布龍，楚木爾的三城。

拉達克城，在喇薩西南三千七百五十餘里。其所屬有札石岡，丁木岡，喀式三城。

畢底城，在喇薩西南三千八百餘里。

魯多克城，在喇薩西北二千九百三十餘里。

以上諸城，每戶出兵一名，但設宗木布，無丁木布官。

附屬部落

噶克卜部落，在喇薩東南八百四十里，衛喀木邊界之間，與羅克卜札國接界，其相近有恭布部落，番夷三千餘戶，每歲進馬二匹於達賴喇嘛。

薩噶部落，在日喀則城西南八百三里。

其西四百二十里，有卓書特部落，乃藏之西界，阿里之東界。

者巴部落，在日喀則城西四百二十里。

以上三部落，皆設喇嘛一人，頭目一人以統之。

羅部落，在日喀則城西南一千一百十里。

噶爾道營，在喇薩西北二千五百餘里。

達克喇古格諸城，及者巴部落，各遣兵一百，設蒙古土番頭目各一名，防禦於此，乃阿里之北界也。其在喀木西北界者，有拉佗部落，舒布倫巴部落，格爾濟部落，塞爾匝納爾噶魯部落，瓦舒部落，或屬西海台吉，亦附達賴喇嘛。

《皇朝文獻通攷》載西藏之城

卷二九二　西藏

衛在四川打箭爐西北三千餘里，即烏斯藏，諸藏之中，亦日中藏，自穆魯烏蘇西岸青海部落界西至噶木巴拉嶺界一千五百三十三里，南自鄂木拉岡沖嶺崖魯藏博江二千二百餘里。

衛地所屬諸城

拉薩城，在打箭爐西北三千四百八十里，即唐吐蕃建牙之所，今爲達賴喇嘛所居。

德沁城，在拉薩東南三十八里。

耨東城，在拉薩東南二百二十里。

桑里城，在喇嘛東南二百五十一里。

吹札爾普朗城，在拉薩東南二百六十里。

恰噶爾城，在拉薩東南三百十里。

里古城，在拉薩東南三百十里。

裕勒佳阿雜城，在拉薩東南三百三十里。

濟古城，在拉薩東南三百四十里。

捫磋納城，在喇嘛東南四百四十四里。

拉巴隨城，在拉薩東南四百四十里。

佳木達城，在拉薩東五百四十里。

達木城，在拉薩東南五百六十里。

袞米納木佳勒城，在拉薩東南六百二十里。

碩勒噶城，在拉薩東南六百四十里。

卓莫城，在拉薩東南七百五十里。

多木純城，在拉薩東南七百七十里。

則布拉岡城，在拉薩東南八百七十里。

達克博奈城，在拉薩東南九百六十里。

德摩城，在拉薩東南九百八十里。

東噶爾城，在拉薩西二十五里。

日噶努布城，在拉薩西南三十里。

楚舒爾城，在拉薩西南一百十五里。

日噶公噶爾城，在拉薩西南一百四十里。

雅爾博羅克巴底城，在拉薩西南三百里

多城，在拉薩西四百二十里。

僧格城，在拉薩西南四百三十里。

得巴達克則城，在拉薩東北九十二里。

倫珠布城，在拉薩東北一百二十里。

薩木珠布公喀爾城，在拉薩東北一百五十里。

盆多城，在拉薩東北一百五十里。

臣等謹按，西藏之俗凡有官舍民居之處建造樓居，依山爲塹，即謂之城，量地之大小人之多寡各設宗布木管理民事，丁布木管理兵丁。

藏在衛西南五百玉里，自噶木巴拉嶺衛界，西至瑪爾岳木嶺阿里界，一千八百八十二里，南自坡巴朗城至札木拉嶺，北至捫巴部落之北達魯克裕木磋淖爾一千三百餘里。

藏地所屬諸城

札什倫博城，在拉薩西南五百六十里，其先藏巴汗居此，今爲班禪喇嘛所居。

日喀資城，在札什倫博東三十里。

林綳城，在札什倫博東二百二十里。

納噶爾城，在札什倫博東二百八十里。

堆朋城，在札什倫博東三百六十里。

巴納木城，在札什倫博東八十五里。

佳勒則城，在札什倫博東南一百二十里。

烏裕克林噶城，在札什倫博東南三百八十五里。

定集城，在札什倫博西南三百九十里。

羅噶爾城，在札什倫博西南五百二十里。

坡巴朗城，在札什倫博西南六百二十里。

噴嗟克淩城，在札什倫博西南七百里。

濟隆城，在札什倫博西南七百二十里。

濟特城，在札什倫博西南七百六十里。

葉爾摩城，在札什倫博西南七百六十里。

烏穆城，在札什倫博西二百里。

將羅尖城，在札什倫博西三百里。

鄂摩城，在札什倫博西北九十里。

將阿木淩城，在札什倫博西北四百八十里。

喀木在衛東南八百三十二里，近雲南麗江府之北，東自雅龍江西岸西至努卜公拉嶺衛界，一千四百里，南自噶克拉岡里山北至穆魯烏蘇南岸一千七百里。

喀木所屬諸城

達爾城，在拉薩東南一千二百七十五里。

桑阿克吹城，在拉薩東南一千三百里。

碩班多城，在拉薩東南一千三百四十五里。

羅籠城，在拉薩東南一千六百五十里。

蘇爾東城，在拉薩東南一千六百五十里。

衰珠城，在拉薩東南一千九百里。

匝坐里岡城，在拉薩東南二千一百五十里。

塘噶爾城，在拉薩東北二千二百里。

索克城，在拉薩東北一千三百里。

努布爾城，在拉薩拉薩東北一千三百里。

臣等謹按，自塘噶爾城之東南則爲巴塘，巴塘之東北爲裏塘，巴塘之東南爲中甸，西南爲維西，各有屬地，接四川打箭爐及雲南麗江鶴慶府邊外界，舊日皆爲喀木地，分置堪布喇嘛管理，隸於西藏，自康熙五十九〔註1〕年大兵定藏，其衆皆內附，雍正五年設分治廳員，駐中甸維西地方，屬雲南省管轄，七年設巴塘里塘二宣撫司並增置各土司屬四川省管轄。

阿里爲西藏至極西邊境，東自藏界瑪爾岳木嶺，西至得巴堪布嶺二千一百餘里，南自匝木薩喇嶺，北至烏巴嶺一千二百餘里。

阿里所屬諸城

布朗達克喀爾城，在札什倫博西南二千二百餘里。

噶爾東城，在札什倫博西南二千三百里。

什德城，在札什倫博西南二千三百里。

〔註1〕原文作五十年，今更正。

古格札什倫博城，在札什倫博西南二千四百里。

沖隆城，在札什倫博西南二千四百餘里。

則布朗城，在札什倫博西南二千五百餘里。

楚瑪爾德城，在札什倫博西南二千六百餘里。

札什岡城，在札什倫博西二千七百餘里。

羅多克喀爾城，在札什倫博西二千八百里。

底木岡城，在札什倫博西二千八百餘里。

喀什城，在札什倫博西二千八百里。

畢底城，在札什倫博西三千餘里。

臣等謹按，西藏諸城之外，又有附近部落，在衛地拉薩東南者曰噶克卜部落，居衛與喀木邊界之間，其相近爲恭布部落，在藏地札什倫布西南者曰薩噶部落，其西南爲卓書特部落，們巴部落，乃藏之西界，阿里之東界，至阿里之西北有達拉克部落，其在喀木西北界限者有拉塔部落，舒布倫巴部落，格爾濟部落，塞爾匝納爾噶魯部落，瓦舒服部落與青海接界，並附屬與西藏云。

《皇朝續文獻通攷》載西藏之城

《皇朝續文獻通攷》卷三百三十與地攷二十六西藏。

西藏本康衛藏三部之總稱，今康已改爲內地，則藏地當縮於舊東西距約三千餘里，南北距一千五百里，東越鹿馬嶺至江達接川邊西康界，西至阿哩之澤布隆接北印度之喀蒙界，南越須彌山至布魯克巴^{今訛稱布丹}，哲孟雄^{一稱錫金}二部，北及東北至唐古喇山^{一作通拉木山}，接青海玉樹番及新疆託古斯山界，東南至猓猺野番接緬甸及印度阿薩密界，西南至聶拉木接泥婆羅喀^{即廓爾喀界}，西北抵喀喇崑崙山接新疆和闐州界，自前藏至京師一萬九百二十里，今存二部，曰衛曰藏，而極西北之阿哩附焉。

衛即烏斯合音，今稱前藏，亦曰中藏，在四川省城西六千一百七十里^{打箭爐西北五千二百五十里}，在甘肅西寧府西南三千五百六十里，東至岡噶拉山接喀木所屬江達界，西至卓謨哈拉山^{一作卓爾岡哩}，接後藏所屬商河界，南至謨爾岡克山奈楚河接布魯克巴界，北至巴薩通木拉山接青海所屬中壩番地，境內萬山懷抱，形勢絕高，雅魯藏布河貫其中，西北有騰格里湖，布喀池，南有牙母魯克湖，水甘草茂，會城曰拉薩，唐書所謂邏娑也，背負布達拉宮山，猶言普陀山也，寺踞山巔，重累十三層，達賴喇嘛駐錫，此寺僧徒以萬計，駐藏大臣正副二人同建牙焉，屬邑三十。

拉薩，一稱布達拉，前藏之都，有峻宇高牆，無城，北極高二十九度四十五分，西經二十五度三十分。

德沁，《一統志》作德秦，在拉薩東南三十八里，極高二十九度四十分，西經二十五度十六分

耨東，《一統志》及《鄂刻輿圖》作奈布東，在拉薩東南二百二十里，極高二十九度七分，西經二十五度十五分。

桑里，在拉薩東南二百五十一里，極高二十九度十五分，西經二十四度四十分。

吹札爾普朗，《一統志》作垂佳普朗，《鄂刻輿圖》作吹夾坡朗，在拉薩東南二百六十里，極高二十九度七分，西經二十四度四十分

恪噶爾，恪或作哈，在拉薩東南三百里，極高二十九度十分，西經二十四度三十分

哩古，一作野爾古也勒庫，在拉薩東南三百三十里，極高二十八度三十五分，西經二十四度十五分

裕勒佳阿維，一作裕佳朗雜，在拉薩東南三百三十里，極高二十八度三十五分，西經二十四度十五分。

濟古，一作則庫，在拉薩南三百四十里，極高二十八度三十二分，西經二十四度三十分

捫磋納，一作滿撮納，在拉薩南四百四十里，極高二十八度三分，西經二十四度三十分

拉巴隨，在拉薩東南四百四十里，極高二十八度，西經二十三度。

達木，一作達喇馬宗，在拉薩東南五百六十里，奈楚河西，極高二十七度五十分，西經二十三度五十分。

袞拉納馬佳勒，一作古魯納木吉牙，在拉薩東南六百二十里，極高二十八度四十分，西經二十三度三十分。

碩拉噶，一作公布碩格，在拉薩定南六百四十里，極高二十九度三十分，西經二十二度四十五分

卓莫，一作朱木宗，或做公布珠穆，在拉薩東南七百五十里，極高二十

九度十分，西經二十二度三十五分。

多木純，一作東順，或作達克布冬順，在拉薩東南七百七十里，極高二十八度二十五分，西經二十二度五十分。

則布拉岡，則一作澤，在拉薩東南八百七十里，極高二十八度四十分，西經二十二度

達克博奈，一作達克布拉，在拉薩東南九百六十里，極高二十八度二十分，西經二十一度五十分。

德摩，一作吉尼或作底穆宗，地母，在拉薩東南九百八十里，極高二十九度十五分，西經二十一度四十分。

東噶爾，一作董郭爾，在拉薩南二十五里，極高二十九度三十分，西經二十五度四十分。

日噶努布，一作日噶牛，在拉薩西南三十五里，極高二十九度二十分，西經二十五度四十二分。

楚舒爾，《衛藏通志》作曲水，鄂圖作綽樹爾或作楚蘇拉，在拉薩西南一百十五里，極高二十九度二十五分，西經二十五度四十分。

日噶公噶爾，噶或作喀，在拉薩西南一百四十里，極高二十九度十分，西經二十六度。

雅爾博羅克勒巴底，一作牙木魯克或作岳吉牙來雜，在拉薩西南三百里，極高二十八度五十分，西經二十五度三十分。

多宗，在拉薩南少西四百三十里，極高二十八度十分，西經二十五度四十五分。

僧格宗，或作僧額總，在拉薩南四百二十里，極高二十八度十四分，西經二十五度四十分。

得巴達克則，一作地巴達克匝，在拉薩東北九十二里，極高二十九度五十分，西經二十五度。

倫珠布，一作倫朱卜宗，在拉薩東北一百二十里三十分，西經二十五度二十八分。

薩木珠布公喀爾，一作墨魯恭噶或作默爾公噶，墨竹工卡，在拉薩東北一百五十里，極高二十九度五十分，西經二十五度。

盆多，一作蓬多，在拉薩東北一百五十里，極高三十度十五分，西經二十五度二十八分。

藏，一曰喀齊〔註2〕，在衛西九百里，東至卓謨哈拉山接衛界，西至瑪爾岳木嶺接阿里界，南至春丕踰匝利山接布丹及哲孟雄二部界，北至訥謨渾巴什山接新疆婼羌縣界，西南至濟隆熱索橋接廓爾喀界，西北至託古斯山接新疆于闐縣界，全境右枕岡底斯，南望須彌山，雅魯藏布江導源其間，梵經所謂岡底斯向東馬口所出之泉也，前明蒙古人唐古特汗所居，本朝康雍正間勘定後始爲班禪喇嘛所轄，其會城曰日喀則，永樂中黃教徒根敦珠巴建大寺曰札什倫布，壯麗亞於喇薩，歷世班禪於此焚修，光緒中英人窺藏，謂防俄人之南下，而班禪十三〔註3〕與達賴爭噶拉之地，同教相仇，達賴通好於俄，英益忌之，蠱惑班禪相機而動，覬得藏王，又見日人之能拒俄也，二十七年與訂協約，謂英圖衛藏，日勿干涉，日營三韓英亦不預聞，銅山西崩，洛鐘東應，可以徼外石田而忽之歟，屬邑二十六。

札什倫布，原名賽爾〔註4〕，一稱日喀資，資或作則，今以札什倫布廟名其地，廟在邑西二里都布山，班禪所居，極高二十九度十五分，西經二十七度四十分。

日喀則，在札什倫布東三十里，極高二十九度時期分，西經二十七度三十分。

林繃，一作林奔，仁蚌或作里穆和布屯，在日喀則東一百九十里，極高二十九度二十分，西經二十六度二十分。

納噶爾澤，一作浪噶子，在日喀則東二百五十里，極高二十九度五分，西經二十六度二十分。

朋堆，一作拜的，白地，在日喀則東三百三十里，極高二十九度八分，西經二十六度十分。

巴納木，一作白浪，在日喀則東南七十里，極高二十九度十分，西經二十七度三十分。

佳勒則，一作季陽則，或作江孜，江則，在日喀則東南一百二十里，設守備營汛，今爲英人商埠，極高二十九度，西經二十七度。

烏裕克林噶，一作烏雨克靈哈，在日喀則東三百五十里，極高二十九度二十五分，西經二十六度三十分。

〔註2〕此說不確，喀齊常作卡契，爲藏人對周邊諸信仰回教之民族統稱，包括克什米爾，新疆維吾爾，孟加拉諸民族。

〔註3〕原文即作班禪十三，不可解，疑誤。

〔註4〕此說不確，札什倫布非賽爾，賽爾爲今西藏定結縣薩爾鄉。

定集，一作丁吉牙或作定結，丁家，在日喀則西南四百二十里，極高二十八度二十分，西經二十八度三十分，南通哲孟雄，其西屬地日喀爾達。

羅西噶爾，一作協噶爾，或作羅錫哈爾，或誤作失喀，在日喀則西南五百四十里，極高二十八度四十分，西經二十九度三十分，又西二程曰定日，有營汛。

坡巴朗，及帕爾宗，在日喀則南六百四十里，極高二十七度三十二分，西經二十七度三十分。

噴嗟克淩，一作盆蘇克靈或作彭錯嶺，在日喀則西一百五十里，極高二十九度二十分，西經二十八度三十二分。

桑札宗，在日喀則北七百里，達克宰勒湖西，極高三十一度，西經二十八度，池北沙地，統名托克產。

濟隆，在日喀則西南七百四十里，其南熱索橋爲往廓爾喀之要隘，極高二十八度二十分，西經三十一度十五分，東南往聶拉木之中途有要隘曰絨轄。

阿里宗，在日喀則西南七百六十里，按前《通攷》濟隆之下有濟特，惟新舊圖籍皆無此名，《一統志》濟隆之次爲阿里宗，今從之，極高二十九度，西經三十一度三十分。

葉爾摩，一作尼牙拉木，年爾木，即聶拉木，在日喀則西南八百里，南過鐵鎖橋爲廓爾喀境，極高二十八度十分，西經三十度二十分。

烏穆，即額爾喀穆，在日喀則東北一百里，極高二十九度二十分，西經二十七度十分。

尙納木林，一作商納穆林，在日喀則東北一百十里，極高二十九度四十分，西經二十七度四十五分。

將羅尖，一作章拉則，或作拉孜，在日喀則西少南三百里，極高二十九度十分，西經二十九度。

將阿木淩，一作章阿布林，在日喀則西南六百里，極高二十九度十分，西經三十度。

春丕，或作春碑，在日喀則東南六百四十里，今設靖西廳於其東南五里之卑卑塘，又東南二十七里至亞東關，介居布丹哲孟雄二部之間，極高二十七度三十分，西經二十七度四十分。

薩噶哈拉，在章阿布林西北哲隆山之南薩噶藏布河下流，極高二十九度三十分，西經三十一度三十二分。

宗喀，在薩噶哈拉西南，藏布江南，極高二十九度五分，西經三十二度，南通泥婆羅。

大屯，或作大丹，在宗喀西，佳布拉爾河下流入藏布江處，極高二十九度四十分，西經三十二度二十八分。

羅和，在卓書特部南，古納爾岡阿山南，極高二十九度五分，西經三十二度四十五分。

東朗池，在極西北巴哈池北，札克安巴山下，東抵阿里之巴和，東通于闐，極高三十四度八分，西經三十六度。

光緒三十四年議定藏印通商於亞東及江孜噶大克。

臣謹案後藏南鄙與哲孟雄布丹接壤處須彌山北麓，初但稱爲帕里宗，其亞東春丕皆荒僻無聞，道光中英人以甘言重利紿哲酋，假地大吉嶺屯軍開路販貨植茶，厥後以次蠶食，光緒初窺及衛藏，十六年十九年兩次和約，堅索通商，勉允開埠亞東，旅居遊歷皆得任便，藏番憤不遵行，二十八年英兵攻入拉薩，脅訂和約加開江孜噶大克二埠，亞東者在大吉嶺之北二百六十里，又五百餘里抵江孜，皆入藏孔道，時廷議設靖西廳同知游擊於春丕^{由川督委派，兼受駐藏大臣節制}，爲補牢之計，三十二年命張蔭棠以全權航海往印度與英國議商務及市埠界域，併入藏籌畫善後，至三十四年乃定章程十五條，然春丕居民僅十餘家，江孜亦衹數十家，噶大克更在西北二千雖外，險峻苦寒，漢番罕至，而英人重視如此，其志非徒通商也，今彼之鐵路將越大吉嶺^{南距加喇各達約一千三百里，中逕布丹之屬地}，印緬覆轍，可不寒心乎。

阿哩爲全藏之西鄙，東至僧格哈巴布山及瑪爾岳木嶺^{即岡底斯之北幹東幹}。皆接後藏卓書特部界，西至留巴日雅勒山接拉達克部界，南至陽里山喀雷克山^{皆須彌山之支幹}，接北印度喀蒙界，北至拉布齊嶺^{即喀喇崑崙之東幹}，接新疆和闐州界，東南至瑪楚河下流之喀瓦力噶接泥婆羅界，西南至澤布隆接北印度之旁遮普界，東北至阿林岡里山接後藏之西北^{重非愛勒等}界，西北踰噶哩山接拉達克^{楚納克河}界，境內據有岡底斯山及阿耨達池，四水分馳，梵書所謂馬象獅雀四口，各出大川，藏布江印度河克伽河^{即岡噶江}，皆發源於此，洵宇內絕高之區域也，屬地一十。

布朗達克噶爾，《一統志》作布拉木達克喇。鄂刊輿圖作布林瑪達克拉爾或作達克喇，舊以此爲阿哩部首邑，在後藏日喀則城西少北二千二百餘哩，極高三十度十五分，西經三十五度四十五分。

噶爾東，一作喀爾多木，或作噶爾多穆哈爾，當在達克喇之北百餘里，極高三十度二十分，西經三十五度四十分。

什德，或作日底，在達克喇之南一百里，極高三十度八分，西經三十五度三十五分，以上三邑皆在瑪楚河之西。

古格札什倫博，一作古格札什魯木布，在後藏西北二千四百餘里，朗楚河北，極高三十一度二十八分，西經三十六度十六分。

沖隆，亦作沖龍，在後藏西北二千四百里，古格札什之東，極高三十一度五分。西經三十五度五十分。

則布朗，一作則布龍，或作則布魯，澤布隆，在後藏西北二千五百餘里，古格札什之西南，極高三十一度，西經三十七度三十分，東北附近有地名托林。

札什岡，一作札石剛，札錫岡，在後藏西北二千七百餘里，拉楚河之西，極高三十二度三十分，西經十七度二十分，東南有地名來吉雅令。

羅多克喀爾，一作魯多克，在後藏西北二千九百里，諾和湖南，極高三十三度二十六分，西經三十七度十分，東北有諾和巴和二小邑。

桑巴，即札倫，在僧格哈巴布山北，阿林岡哩山西曠地，地統名朋卓勒，極高自三十一度五十分之三十二度五十分，西經自三十四度半至三十六度皆是。

噶大克，一作噶爾渡，或作加托克，番語稱噶爾根薩夷翁，前《通攷》及《會典》，《一統志》皆無此地名，而近人目為阿哩部之首邑，英人索開商埠其地，有那古河，托克河合流，西北出境即印度河之上流也，在後藏西北約二千六百餘里，極高三十一度五十分，西經三十六度三十分。

臣謹按，前《通攷》阿哩屬地無拉達克而有楚瑪爾德，一作出木爾的，底本岡，喀什，畢底四邑，《一統志》此四邑大半屬拉達克，而拉達克屬阿哩，固皆我之藩服也，光緒十六年英兵入拉達克境，三十一年乘破藏之威脅服拉達克，號稱保護國，於是阿哩迤西麑地千里，我政府疲於爭藏，不敢更詰拉達克，強鄰猰糠及米，並阿哩之石田亦視同俎肉，蓋南通五印度，西北通西域諸國，可握崑崙邱之樞紐，英員駐噶大克攷察一切，卻不樂華官往視。輒以險峻難躋之語尼之，想見其貪忮之意矣。

序號	城　名	方　位	經　緯　度
	衛	駐藏大臣，正副二人同建牙焉，屬邑三十。	
1	拉薩	一稱布達拉，前藏之都，有峻宇高牆，無城。	北極高二十九度四十五分。 西經二十五度三十分。
2	德沁	《一統志》作德秦，在拉薩東南三十八里。	極高二十九度四十分。 西經二十五度十六分。
3	耨東	《一統志》及《鄂刻輿圖》作奈布東，在拉薩東南二百二十里。	極高二十九度七分。 西經二十五度十五分。
4	桑里	在拉薩東南二百五十一里。	極高二十九度十五分。 西經二十四度四十分。
5	吹札爾普朗	《一統志》作垂佳普朗，《鄂刻輿圖》作吹夾坡朗，在拉薩東南二百六十里。	極高二十九度七分。 西經二十四度四十分。
6	恰噶爾	恰或作哈，在拉薩東南三百里。	極高二十九度十分。 西經二十四度三十分。
7	哩古	一作野爾古也勒庫，在拉薩東南三百三十里。	極高二十八度三十五分。 西經二十四度十五分。
8	裕勒佳阿維	一作裕佳朗雜，在拉薩東南三百三十里。	極高二十八度三十五分。 西經二十四度十五分。
9	濟古	一作則庫，在拉薩南三百四十里。	極高二十八度三十二分。 西經二十四度三十分。
10	捫磋納	一作滿撮納，在拉薩南四百四十里。	極高二十八度三分。 西經二十四度三十分。
11	拉巴隨	在拉薩東南四百四十里。	極高二十八度。 西經二十三度。
12	達木	一作達喇馬宗，在拉薩東南五百六十里，奈楚河西。	極高二十七度五十分。 西經二十三度五十分。
13	袞拉納馬佳勒	一作古魯納木吉牙，在拉薩東南六百二十里。	極高二十八度四十分。 西經二十三度三十分。
14	碩拉噶	一作公布碩格，在拉薩定南六百四十里。	極高二十九度三十分。 西經二十二度四十五分
15	卓莫	一作朱木宗，或做公布珠穆，在拉薩東南七百五十里。	極高二十九度十分。 西經二十二度三十五分。
16	多木純	一作東順，或作達克布多順，在拉薩東南七百七十里。	極高二十八度二十五分。 西經二十二度五十分。
17	則布拉岡	則一作澤，在拉薩東南八百七十里。	極高二十八度四十分。 西經二十二度。
18	達克博奈	一作達克布拉，在拉薩東南九百六十里。	極高二十八度二十分。 西經二十一度五十分。

序號	城　名	方　位	經　緯　度
19	德摩	一作吉尼或作底穆宗，地母，在拉薩東南九百八十里。	極高二十九度十五分。 西經二十一度四十分。
20	東噶爾	一作董郭爾，在拉薩南二十五里。	極高二十九度三十分。 西經二十五度四十分。
21	日噶努布	一作日噶牛，在拉薩西南三十五里。	極高二十九度二十分。 西經二十五度四十二分。
22	楚舒爾	《衛藏通志》作曲水，鄂圖作綽樹爾或作楚蘇拉，在拉薩西南一百十五里。	極高二十九度二十五分。 西經二十五度四十分。
23	日噶公噶爾	噶或作喀，在拉薩西南一百四十里。	極高二十九度十分。 西經二十六度。
24	雅爾博羅克勒巴底	一作牙木魯克或作岳吉牙來雜，在拉薩西南三百里。	極高二十八度五十分。 西經二十五度三十分。
25	多宗	在拉薩南少西四百三十里。	極高二十八度十分。 西經二十五度四十五分。
26	僧格宗	或作僧額總，在拉薩南四百二十里。	極高二十八度十四分。 西經二十五度四十分。
27	得巴達克則	一作地巴達克匝，在拉薩東北九十二里。	極高二十九度五十分。 西經二十五度。
28	倫珠布	一作倫朱卜宗，在拉薩東北一百二十里。	極高三十度。 西經二十五度二十八分。
29	薩木珠布公喀爾	一作墨魯恭噶或作默爾公噶，墨竹工卡，在拉薩東北一百五十里。	極高二十九度五十分。 西經二十五度。
30	盆多	一作蓬多，在拉薩東北一百五十里。	極高三十度十五分。 西經二十五度二十八分。
	藏	一日喀齊，屬邑二十六。	
1	札什倫布	原名賽爾，一稱日喀資，資或作則，今以札什倫布廟名其地，廟在邑西二里都布山，班禪所居。	極高二十九度十五分。 西經二十七度四十分。
2	日喀則	在札什倫布東三十里。	極高二十九度時期分。 西經二十七度三十分。
3	林絣	一作林奔，仁蚌或作里穆和布屯，在日喀則東一百九十里。	極高二十九度二十分。 西經二十六度二十分。
4	納噶爾澤	一作浪噶子，在日喀則東二百五十里。	極高二十九度五分。 西經二十六度二十分。
5	朋堆	一作拜的，白地，在日喀則東三百三十里。	極高二十九度八分。 西經二十六度十分。
6	巴納木	一作白浪，在日喀則東南七十里。	極高二十九度十分。 西經二十七度三十分。

序號	城　名	方　位	經　緯　度
7	佳勒則	一作季陽則，或作江孜，江則，在日喀則東南一百二十里，設守備營汛，今爲英人商埠。	極高二十九度，西經二十七度。
8	烏裕克林噶	一作烏雨克靈哈，在日喀則東三百五十里。	極高二十九度二十五分。西經二十六度三十分
9	定集	一作丁吉牙或作定結，丁家，在日喀則西南四百二十里。	極高二十八度二十分。西經二十八度三十分。南通哲孟雄，其西屬地日喀爾達。
10	羅西噶爾	一作協噶爾，或作羅錫哈爾，或誤作失喀，在日喀則西南五百四十里。	極高二十八度四十分。西經二十九度三十分。又西二程曰定日，有營汛。
11	坡巴朗	及帕爾宗，在日喀則南六百四十里。	極高二十七度三十二分。西經二十七度三十分。
12	噴嗟克淩	一作盆蘇克靈或作彭錯嶺，在日喀則西一百五十里。	極高二十九度二十分。西經二十八度三十二分。
13	桑札宗	在日喀則北七百里，達克宰勒湖西。	極高三十一度。西經二十八度。池北沙地，統名托克產。
14	濟隆	在日喀則西南七百四十里，其南熱索橋爲往廓爾喀之要隘。	極高二十八度二十分。西經三十一度十五分。東南往聶拉木之中途有要隘曰絨轄。
15	阿里宗	在日喀則西南七百六十里，按前《通攷》濟隆之下有濟特，惟新舊圖籍皆無此名，《一統志》濟隆之次爲阿里宗，今從之。	極高二十九度，西經三十一度三十分。
16	葉爾摩	一作尼牙拉木，年爾木，即聶拉木，在日喀則西南八百里，南過鐵鎖橋爲廓爾喀境。	極高二十八度十分。西經三十度二十分。
17	烏穆	即額爾喀穆，在日喀則東北一百里。	極高二十九度二十分，西經二十七度十分。
18	尚納木林	一作商納穆林，在日喀則東北一百十里。	極高二十九度四十分。西經二十七度四十五分。
19	將羅尖	一作章拉則，或作拉孜，在日喀則西少南三百里。	極高二十九度十分。西經二十九度。
20	將阿木淩	一作章阿布林，在日喀則西南六百里。	極高二十九度十分。西經三十度。
21	春丕	或作春碑，在日喀則東南六百四十里，今設靖西廳於其東南五里之卑卑塘，又東南二十七里至亞東關，介居布丹哲孟雄二部之間。	極高二十七度三十分。西經二十七度四十分。

序號	城　名	方　位	經　緯　度
22	薩噶哈拉	在章阿布林西北哲隆山之南薩噶藏布河下流。	極高二十九度三十分。西經三十一度三十二分。
23	宗喀	在薩噶哈拉西南，藏布江南。	極高二十九度五分。西經三十二度。南通泥婆羅。
24	大屯	或作大丹，在宗喀西，佳布拉爾河下流入藏布江處。	極高二十九度四十分。西經三十二度二十八分。
25	羅和	在卓書特部南，古納爾岡阡山南。	極高二十九度五分。西經三十二度四十五分。
26	東朗池	在極西北巴哈池北，扎克安巴山下，東抵阿里之巴和，東通于闐。	極高三十四度八分。西經三十六度。
	阿哩	爲全藏之西鄙，屬地一十。	
1	布朗達克噶爾	《一統志》作布拉木達克喇。鄂刊輿圖作布林瑪達克拉爾或作達克喇，舊以此爲阿哩部首邑，在後藏日喀則城西少北二千二百餘哩。	極高三十度十五分。西經三十五度四十五分。
2	噶爾東	一作喀爾多木，或作噶爾多穆哈爾，當在達克喇之北百餘里。	極高三十度二十分。西經三十五度四十分
3	什德	或作日底，在達克喇之南一百里。	極高三十度八分。西經三十五度三十五分。以上三邑皆在瑪楚河之西。
4	古格札什倫博	一作古格札什魯木布，在後藏西北二千四百餘里，朗楚河北。	極高三十一度二十八分。西經三十六度十六分。
5	沖隆	亦作沖龍，在後藏西北二千四百里，古格札什之東。	極高三十一度五分。西經三十五度五十分。
6	則布朗	一作則布龍，或作則布魯，澤布隆，在後藏西北二千五百餘里，古格札什之西南。	極高三十一度。西經三十七度三十分。東北附近有地名托林
7	札什岡	一作札石剛，札錫岡，在後藏西北二千七百餘里，拉楚河之西。	極高三十二度三十分。西經十七度二十分。東南有地名來吉雅令。
8	羅多克喀爾	一作魯多克，在後藏西北二千九百里，諾和湖南。	極高三十三度二十六分。西經三十七度十分。東北有諾和，巴和二小邑。
9	桑巴	即札倫，在僧格哈巴布山北，阿林岡哩山西曠地，地統名朋卓勒。	極高自三十一度五十分至三十二度五十分。西經自三十四度半至三十六度皆是。

序號	城　名	方　位	經　緯　度
10	噶大克	一作噶爾渡，或作加托克，番語稱噶爾根薩夷翁，前《通攷》及《欽定大清會典》，《一統志》皆無此地名，而近人目爲阿哩部之首邑，英人索開商埠其地，有那古河，托克河合流，西北出境即印度河之上流也，在後藏西北約二千六百餘里。	極高三十一度五十分。西經三十六度三十分。
11		臣謹按，前《通攷》阿哩屬地無拉達克而有楚瑪爾德，一作出木爾的，底本岡，喀什，畢底四邑，《一統志》此四邑大半屬拉達克，而拉達克屬阿哩，固皆我之藩服也，光緒十六年英兵入拉達克境，三十一年乘破藏之威脅服拉達克，號稱保護國，於是阿哩迤西蹙地千里，我政府疲於爭藏，不敢更詰拉達克，強鄰恬糠及米，並阿哩之石田亦視同俎肉，蓋南通五印度，西北通西域諸國，可握崑崙邱之樞紐，英員駐噶大克攷察一切，卻不樂華官往視。輒以險峻難躋之語尼之，想見其貪忮之意矣。	

城及城與宗之對照表

漢文史料所載西藏諸城與宗，大多爲同一地之不同譯名，但也有互不相干者，爲製圖便，將其可對應者一一對應之。達賴所轄宗用《欽定理藩部則例》（光緒）卷六十二西藏通制下所載之宗，班禪所轄之宗用《清史稿》之宗。城之名則用《大清一統志》（嘉慶）所載之名。

序號	城名《大清一統志》（嘉慶）	方位《大清一統志》（嘉慶）	宗名《欽定理藩部則例》（光緒）	今地攷（與宗重複者見宗攷）
	衛地諸城（三十城）			
1	喇薩	在四川打箭爐西北三千四百八十里。		西藏拉薩市
2	得秦城	在喇薩東南三十八里。		西藏達孜縣
3	奈布東城	在喇薩東南二百二十里。	乃東	
4	桑里城	在喇嘛東南二百五十一里。	桑葉	
5	垂佳普朗城	在喇薩東南二百六十里。	瓊結	
6	野而古城	在喇薩東南三百十里。		疑即拉加里王宮，在西藏曲松縣附近。《皇朝續文獻通攷》哩古，一作野爾古，也勒庫，在拉薩東南三百三十里，極高二十八度三十五分，西經二十四度十五分。
7	達克匝城	在喇嘛東南三百三十七里。		西藏林芝縣達孜鄉達孜村。
8	則庫城	在喇薩東南三百四十里。	直谷	
9	滿撮納城	在喇嘛東南四百四十四里。	錯拉	
10	拉巴隨城	在喇薩東南四百四十里。	拉歲	
11	札木達城	在喇薩東南五百四十里。	江達	
12	達喇馬宗城	在喇薩東南五百六十里。	達爾瑪	
13	古魯納木吉牙城	在喇薩東南六百二十里。	古浪	
14	碩噶城	在喇薩東南六百四十里。	工布碩卡	
15	朱木宗城	在喇薩東南七百五十里。	角木宗	
16	東順城	在喇薩東南七百七十里。		《大清一統輿圖》（乾隆）作達克布多順和屯。《皇朝續文獻通攷》多木純，一作東順，或作達克布多順，在拉薩東南七百七十里，極高二十八度二十五分，西經二十二度五十分。隆子縣玉麥鄉木比丁附近。

序號	城名《大清一統志》（嘉慶）	方位《大清一統志》（嘉慶）	宗名《欽定理藩部則例》（光緒）	今地攷（與宗重複者見宗攷）
17	則布拉岡城	在喇薩東南八百七十里。	工布則崗	
18	納城	在喇薩東南九百六十里。		《大清一統輿圖》（乾隆）作達克布納和屯，當在今西藏隆子縣玉麥鄉塔克新附近，今爲印度侵佔。此城之名疑源自珞巴族之納部落。《皇朝續文獻通攷》達克博奈，一作達克布拉，在拉薩東南九百六十里，極高二十八度二十分，西經二十一度五十分。
19	吉尼城	在喇薩東南九百八十里。		西藏林芝縣米瑞鄉德木村。《中國文物地圖集·西藏》、《皇朝續文獻通攷》德摩，一作吉尼或作底穆宗，地母，在拉薩東南九百八十里，極高二十九度十五分，西經二十一度四十分。
20	日噶牛城	在喇薩西南三十里。	業黨	
21	楚舒爾城	在喇薩西南一百十五里。	曲水	
22	日喀爾公喀爾城	在喇薩西南一百四十里。有番民二萬餘家，爲衛地最大之城。	貢噶爾	
23	岳吉牙來雜城	在喇薩西南三百三十里。		疑爲西藏浪卡子縣卡熱鄉卡熱卓丹宗遺址。《中國歷史地圖集》清代西藏圖將岳吉牙來雜城與拜的城標註爲同一城，即今西藏浪卡子縣白地鄉白地村，而《大清一統志》（嘉慶）作兩城，《中國歷史地圖集》疑誤。《皇朝續文獻通攷》雅爾博羅克勒巴底，一作牙木魯克或作岳吉牙來雜，在拉薩西南三百里，極高二十八度五十分，西經二十五度三十分。
24	多宗城	在喇薩西南四百二十里。	奪宗	
25	僧格宗城	在喇薩西南四百三十里。	僧宗	
26	董郭爾城	在喇薩西二十五里。		西藏堆龍德慶縣東嘎鎮
27	第巴達克匝城	在喇薩東北九十二里。	打孜	
28	倫朱布宗城	在喇薩東北一百二十里。	冷竹宗	
29	墨魯恭噶城	在喇薩東北一百五十里。	墨竹	
30	蓬多城	在喇薩東北一百七十里。		西藏林周縣旁多鄉

序號	城名《大清一統志》（嘉慶）	方位《大清一統志》（嘉慶）	宗名《欽定理藩部則例》（光緒）	今地攷（與宗重複者見宗攷）
	藏地諸城（十七城）			
1	日喀則城	在喇薩西南五百三十三里，其先藏巴汗居之，今屬班禪喇嘛，戶二萬三千餘，兵五千三百餘。	昔孜	
2	林奔城	在日喀則城東一百九十一里。	仁本	
3	納噶拉則城	在日喀則城東二百五十里。	拉噶孜	
4	拜的城	在日喀則城東三百三十二里。		《中國歷史地圖集》清代西藏圖將岳吉牙來雜城與拜的城標註爲同一城，即今西藏浪卡子縣白地鄉白地村，即此地，而《大清一統志》（嘉慶）作兩城，《中國歷史地圖集》疑誤。《皇朝續文獻通攷》朋堆，一作拜的，白地，在日喀則東三百三十里，極高二十九度八分，西經二十六度十分。
5	拜納木城	在日喀則城東南七十里。	巴浪	
6	季陽則城	在日喀則城東南一百二十里，戶三萬餘，兵七千五百餘。	江孜	
7	烏雨克靈喀城	在日喀則城東南三百七十里。	晤欲	
8	丁吉牙城	在日喀則城西南四百十里。	定結	
9	羅西噶爾城	在日喀則城西南五百四十里。	協噶爾	
10	帕爾宗城	在日喀則城西南六百四十里。	帕克哩	
11	盆蘇克靈城	在日喀則城西南七百二十三里。	彭錯嶺	距離不符。
12	濟隆城	在日喀則城西南七百四十里。	濟嚨	
13	阿里宗城	在日喀則城西南七百六十里。		《大清一統輿圖》（乾隆）作阿里棕和屯，疑爲貢塘王城遺址。《皇朝續文獻通攷》阿里宗，在日喀則西南七百六十里，按前通攷濟隆之下有濟特，惟新舊圖籍皆無此名，《一統志》濟隆之次爲阿里宗，今

序號	城名《大清一統志》（嘉慶）	方位《大清一統志》（嘉慶）	宗名《欽定理藩部則例》（光緒）	今地攷（與宗重複者見宗攷）
				從之，極高二十九度，西經三十一度三十分。
14	尼牙拉木宗城	在日喀則城西南七百八十里。	聶拉木	
15	尚納木林城	在日喀則城西北一百十里。	朗嶺	
16	章拉則城	在日喀則城西北八百十里。	拉孜	
17	章阿布林城	在日喀則城西北九百七里。	昂忍	
	喀木諸城（十三城）			
1	巴塘城	在喇薩東南二千五百里。		四川省巴塘縣，清時期屬於四川省。
2	節達穆城	在巴塘城東南五百八十里，其地舊名中甸。		雲南省香格里拉縣，清時期屬於雲南省。
3	桑阿充宗城	在巴塘城西南六百里。	桑昂曲宗	
4	匝坐里岡城	在巴塘城西北三百五十里。	作崗	
5	薄宗城	在巴塘城西北六百里。	博窩	
6	蘇爾莽城	在巴塘城西北八百里。		西寧辦事大臣所屬四十族土司有一族曰蘇爾莽，是否即此族土司之居所，待攷，若為此土司之居所，則為青海屬。
7	羅隆宗城	在巴塘城西北八百五十里。	洛隆宗	
8	解凍城	在巴塘城西北九百五十里。	結登	
9	舒班多城	在巴塘城西北一千一百五十五里。	碩板多	
10	達爾宗城	達爾宗城，索克宗城，俱在巴塘城西北一千二百二十里。	達爾宗	
11	索克宗城	達爾宗城，索克宗城，俱在巴塘城西北一千二百二十里。	鎮莊子	
12	滾卓克宗城	在巴塘城北二百八十里。	官覺	
13	裏塘城	在巴塘東北三百里。本朝康熙五十年，以巴塘裏塘隸四川，中甸隸雲南，並設官兵駐防。		四川省理塘縣，清時期屬四川省。
	阿里諸城（十三城）			
1	布拉木達克喇城	在布拉木之地，距喇薩西南二千五百餘里。其所屬有喀爾多木，日底二城。	補仁	

序號	城名《大清一統志》（嘉慶）	方位《大清一統志》（嘉慶）	宗名《欽定理藩部則例》（光緒）	今地攷（與宗重複者見宗攷）
2	喀爾多木			《大清一統輿圖》（乾隆）作喀爾多穆和屯，在今西藏普蘭縣仁貢鄉嘎爾東村《西藏自治區地圖冊》。《皇朝續文獻通攷》噶爾東，一作喀爾多木，或作噶爾多穆哈爾，當在達克喇之北百餘里，極高三十度二十分，西經三十五度四十分。
3	日底			《大清一統輿圖》（乾隆）作日底和屯，當在今日西藏普蘭縣赤德鄉附近《西藏自治區地圖冊》。《中國歷史地圖集》清代西藏圖標註於西藏普蘭縣西南尼泊爾境內，疑誤。《皇朝續文獻通攷》日什德，或作日底，在達克喇之南一百里，極高三十度八分，西經三十五度三十五分。
4	古格札什魯木布則城	在喇薩西南二千四百九十餘里。其所屬有沖龍則布龍楚木爾的三城。		西藏札達縣古格王城遺址
5	沖龍			西藏札達縣曲龍鄉《西藏自治區地圖冊》。《皇朝續文獻通攷》沖隆，亦作沖龍，在後藏西北二千四百里，古格札什之東，極高三十一度五分。西經三十五度五十分。
6	則布龍		雜仁	
7	楚木爾的			《大清一統輿圖》（乾隆）作楚穆爾底和屯，標註在朗欽藏布（象泉河）之南岸底雅鄉附近，而西藏札達縣曲松鄉駐地名曲木底，音相近，待攷。《皇朝續文獻通攷》臣謹按，前《通攷》阿哩屬地無拉達克而有楚瑪爾德，一作出木爾的，底本岡，喀什，畢底四邑，《一統志》此四邑大半屬拉達克，而拉達克屬阿哩，固皆我之藩服也。
8	拉達克城	在喇薩西南三千七百五十餘里。其所屬有札石岡，丁木岡，喀式三城。		拉達克部首邑列城。

序號	城名《大清一統志》（嘉慶）	方位《大清一統志》（嘉慶）	宗名《欽定理藩部則例》（光緒）	今地攷（與宗重複者見宗攷）
9	札石岡			西藏噶爾縣札西岡鄉。
10	丁木岡			拉達克部丁木剛,《西藏圖攷》西藏全圖作第穆岡。
11	喀式			《皇朝續文獻通攷》臣謹按，前《通攷》阿哩屬地無拉達克而有楚瑪爾德，一作出木爾的，底本岡，喀什，畢底四邑，《一統志》此四邑大半屬拉達克，而拉達克屬阿哩，固皆我之藩服也。具體位置待攷。
12	畢底城	在喇薩西南三千八百餘里。		印度丹噶爾工巴地區斯丕提。
13	魯多克城	在喇薩西北二千九百三十餘里。	茹拖	

札什倫布寺

　　西藏之寺院多至不可勝計，此處將班禪額爾德尼所居札什倫布寺獨列者乃因其地位之獨特也，今人製清代西藏之地圖均將拉薩定爲西藏惟一之首府，實誤也。清季西藏實有二政治中心，一者拉薩自不待言，一者即札什倫布寺也，此說自有其理由也。自乾隆五十七年福康安率軍入藏驅逐廓爾喀（今尼泊爾）之侵藏，欽定藏內善後章程即明定駐藏大臣，達賴喇嘛及班禪額爾德尼平等，總管藏內事務，此載之於《欽定理藩部則例》（光緒），該書卷六十二《西藏通制上》曰：駐藏大臣總辦闔藏事務，與達賴喇嘛，班禪額爾德尼平行，噶布倫以下番目及管事喇嘛分系屬員，無論大小事務，俱稟明駐藏大臣核辦，至札什倫布諸務亦一體稟知駐藏大臣辦理，不准歲琫堪布等代辦，該大臣巡邊之便稽查管束。據此知班禪之駐地亦爲西藏之一政治中心，乃定札什倫布寺而非日喀則者乃因日喀則爲達賴喇嘛管下之昔孜宗，非班禪之駐地也。此處定一寺院爲西藏另一首府於常識殊不習慣，然此即西藏之實在情形也。

寺　名	出　處	寺　廟　之　記　載	今　地　攷
拉式魯木布廟	《大清一統志》（嘉慶）卷五百四十七	拉式魯木布廟，在日喀則城西二里都布山前，相傳昔宗喀巴大弟子根敦卓巴所建，傳十六世，至今班禪喇嘛居此，本朝康熙五十二年封班禪額爾德尼，賜金冊印，廟內樓房三千餘間，金銀塔，金銀銅玉佛像無數，有喇嘛二千五百餘人，所屬小廟五十一處，共喇嘛四千餘人，莊屯十六處，部落十餘處，爲藏地之首廟，其餘境內有名之廟，共十九處，皆有喇嘛數百餘。《大清一統志》（嘉慶）卷五百四十七	西藏日喀則市札什倫布寺

西藏呼圖克圖地攷

《理藩院則例》（乾隆朝內府抄本）頁三一〇《欽定大清會典》（嘉慶）列喇嘛者甚多，此僅錄管轄民與土地者，位於西藏各宗之內者不錄。

喇嘛名	喇嘛名號	喇嘛所居寺廟之記載	今地或寺廟攷
八所喇嘛	八所喇嘛《欽定大清會典》（嘉慶）		西藏八宿縣同卡鄉同卡寺。
察木多帕克巴拉呼圖克圖	闡講黃教額爾德尼諾們罕呼圖克圖《衛藏通志》卷十五，頁十九	察木多，乍丫西北五百三十里，西至類烏齊二百二十里，南至結黨，北至隆慶。昔屬闡教呼圖克圖掌管。自康熙五十八年大兵進取西藏，始受聖朝所封，頒給正呼圖克圖印信，其印文曰闡講黃教額爾德尼諾們罕之印。係清字，蒙古字，唐古忒字三樣篆文。其二呼圖克圖名錫瓦拉，俱住持察木多大寺。其三呼圖克圖名甲喇克，住坐邊壩之西甲喇克大寺俱詳載喇嘛門，又有商卓特巴五家札倉，所管大小寺院五十座，喇嘛四千五百眾，百姓七千六百三十五戶。其俗崇信浮屠，生子半為喇嘛。其地則層巒疊嶂，怪岫奇峰，西藏門戶，古所謂康及喀木者，即此地也。《衛藏通志》卷十五，頁十九	西藏昌都縣強巴林寺。
乍雅達呼圖克圖	闡教黃教諾們罕呼圖克圖《衛藏通志》卷十五，頁十九	巴塘西南五百五十里，西至察木多五百三十里，昔為西藏闡教正副呼圖克圖掌管，自康熙五十八年大兵進取西藏之後，始受聖朝所封，頒給呼圖克圖印信，其印文曰闡教黃教諾們罕之印，係清字，蒙古字，唐古忒字三樣篆文，正呼圖克圖住持乍丫寺院，副呼圖克圖住坐卡薩頂寺院，遇有大差經過下山迎送。其地則三山環逼，二水交騰。窮荒僻壤，其俗則樂竊好鬪，婚姻多不由禮。《衛藏通志》卷十五，頁十九	西藏察雅縣香堆鎮向康大殿。
類烏齊呼圖克圖	類烏齊協理黃教諾們罕呼圖克圖《衛藏通志》卷十五，頁十八	察木多西北，係由草地進藏徑路。築土為城，周二百餘丈，內建大寺一座，佛像經堂，巍煥整齊，紅帽呼圖克圖居此協理黃教，原隸西藏。自康熙五十八年大兵進西藏，該處僧俗人民投誠歸順。雍正九年頒給印信，其印文曰協理黃教諾們罕之印，係清字，蒙古字，唐古忒字三樣篆文，住	西藏類烏齊縣類烏齊鎮類烏齊寺。

喇嘛名	喇嘛名號	喇嘛所居寺廟之記載	今地或寺廟攷
		持大寺。該處喇嘛俱於城內居住。所部番民居黑帳房多，住土房者少，雍正四年，會勘地界，將類鳥齊地方遵旨賞給達賴喇嘛。其地則高峰聳峻，一水環流，西藏徑路也。《衛藏通志》卷十五，頁十八	

西藏三十九族土司攷

藏屬三十九族與西寧辦事大臣所屬之四十族本爲一體,雍正年間收撫此七十九族後以四十族隸西寧辦事大臣,三十九族隸駐藏辦事大臣,由駐藏夷情章京直屬之。此三十九族土司之設置《大清一統志》(嘉慶)未載。《皇朝續文獻通攷》亦未載,而《欽定大清會典事例》(嘉慶)卷四百四十所載西藏土司僅爲土司之名,土司之方位處所難知,茲據《衛藏通志》《藏北牧民》《中國藏族部落》諸書以攷之。

《欽定大清會典事例》(嘉慶)載三十九族

《欽定大清會典事例》(嘉慶)卷四百四十兵部官制各省土官世職。

序號	《欽定大清會典事例》(嘉慶)	《衛藏通志》序號	《藏北牧民》	《中國藏族部落》
1	西藏納克書貢巴族百戶一人,百長一人。	1	果木休	(果木休)西藏比如縣,其住牧地在洛克,頁五八八。
2	納克書色爾查族百戶一人,百長二人。	6	查仁	(查仁)今西藏比如縣人民政府駐地正西怒江岸邊,在柴仁區境內,頁五八七。
3	納克書畢魯族百戶一人,百長三人。	2	比如	(比如)西藏比如縣人民政府駐地附近,頁五八八。
4	納克書奔頻族百戶一人,百長二人。	3	彭盼	(彭盼)西藏比如縣人民政府駐地,頁五八九。
5	納克書拉克什族百戶一人,百長二人。	5	熱西	(熱西)西藏比如縣熱西區境內,怒江岸邊,頁五八七。
6	納克書達格魯克族百戶一人,百長二人。	4	達珠	(達珠)西藏比如縣境內,漢文史料將達珠譯爲達克魯,達格魯,《西藏圖攷》說達珠部落住牧盆索地方,頁五八九。
7	邛布納克魯族百戶一人,百長四人。	32	那如	(那如)西藏邊壩縣,洛隆縣境內,頁六〇一。
8	邛布噶魯族百戶二人,百長八人。	33	噶堆 噶麥	
9	邛布色爾查族百戶二人,百長六人。	34	恰色 嘎爾康	(恰色)從色爾札族分出,西藏丁青縣色爾札區,頁五九九。 (嘎爾康)西藏丁青縣色爾札區,頁六〇〇。

序號	《欽定大清會典事例》（嘉慶）	《衛藏通志》序號	《藏北牧民》	《中國藏族部落》
10	依戎夥爾族百戶一人，百長一人。	26	益塔	（益塔）西藏巴青縣益塔區內，千戶駐牧地在那曲河與索克河合流之西北部，當在今西藏巴青縣人民政府駐地西側一帶，頁五八二。
11	勒納夥爾族百戶一人，百長一人。	疑是15	朱雪	（朱雪）西藏巴青縣江綿區松塔一帶，頁五八三。
12	夥爾遜提麻爾族百戶一人。	10	索德	（索德）西藏聶榮縣白雄區一帶，頁五七二。
13	上岡噶魯族百戶一人。	30	（不詳）	（嘎堆）西藏丁青縣覺恩區，沙貢區一帶，頁六〇〇。
14	下岡噶爾族百長一人。	31	（不詳）	（嘎麥）西藏丁青縣覺恩區，沙貢區一帶，頁六〇〇。
15	撲錯族百長一人。	39	布作木	（布作）西藏比如縣境內，《衛藏通志》載該族東至加樹，南至樸株，西至密堤，北至納樹。頁五九〇
16	三查族百長一人。	37	森擦	
17	三納拉巴族百長一人。	38		（那若）西藏比如縣境內，《衛藏通志》載該族東至達隆宗，南至俄咯，西至拉哩，北至加樹邊噶爾。頁五九〇。
18	上多爾樹族百長一人。	35	多爾虛堆馬	（多爾堆）西藏丁青縣覺恩區，沙貢區境內，頁六〇一。
19	下多爾樹族百長一人。	36	多爾虛買瑪	（多爾麥）西藏類烏齊縣境內，頁六〇一。
20	上阿查克族百長一人。	8	阿堆	（阿堆）西藏聶榮縣陽錯區一帶，頁五七〇。
21	下阿查克族百長一人。	9	阿美	（阿麥）西藏聶榮縣下如區一帶，頁五七一。
22	札麻爾族百長一人。	7	雜瑪爾	（雜瑪爾）西藏聶榮縣下如區一帶，頁五七二。
23	彭楚克夥爾族，彭他嘛族，夥爾拉塞族，三族百長一人。	27		
24	彭他嘛族	28	本塔	（本塔）西藏巴青縣本索區一帶，頁五八三。
25	夥爾拉塞族	29		
26	寧克塔族，尼查爾族，參嘛布瑪族，三族百長一人。	17	寧塔	（寧塔）西藏類烏齊縣桑多區一帶，頁六〇三。

序號	《欽定大清會典事例》（嘉慶）	《衛藏通志》序號	《藏北牧民》	《中國藏族部落》
27	尼查爾族	18		（瑪榮）西藏巴青縣雅安多區境內，頁五八五。
28	參嘛布瑪族	19		
29	羊〔註5〕巴族百長一人。	24	央巴	（央巴）西藏索縣江達區境內，頁五八一。
30	嘛魯族百長一人。	16	瑪如	（瑪如）西藏巴青縣倉來區內，頁五八五。
31	勒達克族百長一人。	22	質達	（質達）西藏索縣榮布區，頁五七八。
32	尼牙木查族百長一人。	20	嫩查	（嫩查）西藏索縣江達區境內，頁五八〇。
33	利松嘛巴族百長一人。	21	熱松木	（熱松木）西藏索縣江達區境內，頁五八〇。
34	多嘛巴族百長一人。	23	頓巴	（多巴）西藏索縣軍巴區內，頁五七九。
35	川目桑族百長一人。	11	衝倉	（衝倉嘎貢）西藏巴青縣雅安多區境內，頁五八四。
36	嘛弄族百長一人。	為12或25		
37	只多，娃拉二族百長一人。	13	赤如 朵巴	（赤如）西藏索縣軍巴區內，怒江邊上，頁五七九。
38	娃拉	14	軍巴	（軍巴）西藏索縣軍巴區內，頁五七六。
	此處所載者共 38 族，與《衛藏通志》所載 39 族所差者 1 族人，非12即25族			

〔註5〕原文作羊，今改正。

《衛藏通志》載三十九族

《衛藏通志》卷十五。

三十九族

雍正九年新撫南稱，巴彥等處番民七十九族，查其地爲土番地，居四川西藏西寧之間，昔爲青海蒙古奴隸，自羅卜藏丹津變亂之後，漸次招撫。雍正九年西寧總理夷情散秩大臣達鼐奏請川陝派員，勘定界址，分隸管轄，十年夏西寧派出員外郎武世齊，筆帖式齊明，侍衛濟爾哈朗，游擊來守華，都司周秉元，四川派出雅州府知府張植，游擊李文秀，西藏派出主事納遜額爾赫圖，守備和尙，會同勘定，近西寧者歸西寧管轄。近西藏者暫隸西藏，其族內人戶千戶以上設千戶一員，百戶以上設百戶一員，不及百者設百長一員，俱由兵部頒給號紙，准其世襲，千百戶之下設散百長數名，由西寧夷情衙門發給委牌，每一百戶貢馬一匹，折銀八兩，每年每戶攤徵銀八分，歸西寧者交西寧道庫，隸西藏者交西藏糧務處，其西寧所管四十族之內，惟巴拉喇布一族，一司木魯烏蘇濟渡，一司會盟遞文之差，免其貢賦。雍正十二年頒給唐古忒字律例，係西寧夷情衙門從蒙古例內摘出繙譯者，原議一年會盟一次，三年後間年會盟一次。乾隆二年西寧總理夷情副都統保祝以四十族番民漸知禮法，奏改間二年差章京一員，守備一員，帶綠旗兵二十名，蒙古兵五十名前往會盟一次。

西藏管轄三十九族住牧地界

納書克貢巴族，畢魯族，琫盆族，達格魯族，拉克族，色爾札族，六族屬下番人一千零八十一戶，東至沙克伯奔地方交界，南至池多地方交界，西至瓦奇麻巴爾達麻，北至泌體諾拉克地方。

札嘛爾族，屬下番人八十一戶，東至班麻爾拉克，南至勇凔地方，西至哈爾嗎貢布，北至薄普拉爾必煙。

阿札克族，屬下番人四十九戶，東至陽拉納哈，南至出麻達墨哩，西至拉載格哩，北至白普馬爾碑。

下阿札克族，屬下番入四十八戶，東至西古爾，南至賽爾岡，西至噶爾瑪貢布，北至沙布。

夥爾川木桑族，屬下番人四十二戶，東至昂納，南至塞米松多，西至撥木達，北至喇貢。

夥爾札麻蘇他爾族，屬下番人十六戶，東至革達，南至塞爾松，西至朗清，北至拉松。

夥爾札麻蘇他爾只多族，瓦拉族，二族屬下番人七十七戶，東至他克酸桂，南至沙爾喇嘛爾，西至遲拉，北至拉克松多。

夥爾族，屬下番人一百二十二戶，東至達木本木，南至瓊古窩，西至囊克爾札楚，北至墨勒木格噶爾。麻魯族，寧塔，尼札爾，參麻布瑪，四族屬下番人二百一十三戶，東至魯滾，南至勒爾根，西至札麻噶，北至札麻達。

尼牙木札族，利松嘛巴族，勒達克族，多麻巴族，羊巴族，五族屬下番人二百零六戶，東至阿沙克，南至色里索麻多，西至瓦舒，北至圖克吉品。

夥爾族，屬下番人六十六戶，東至擦瑪爾尼牙克，南至葛祿克剛，西至擦嘛塔，北至押馬達。

住牧依戎地方夥爾族，屬下番人一百三十九戶，東至沙路拉，南至姑慶，西至格賴麻，北至桑塔。

夥爾族，彭他麻族，夥爾拉賽族，三族屬下番人五十三戶，東至郭特戎，南至朋索多，西至墨勒拉哈，北至當喇。

上剛噶魯族，下剛噶魯族，二族屬下番人一百四十九戶，東至阿克貢木里，南至巴烏松多，西至格拉，北至沙魯拉。

瓊布拉克魯族，屬下番人四百九十七戶，東至隆巴，南至類烏齊，西至節娃，北至蘇巴隆。

噶魯族，屬下番人一千零四戶，東至多洛舒，南至洛魯巴喇樹特，西至窩楚，北至噶魯。

色爾札族，屬下番人六百八十七戶，東至吉楚，南至巴路，西至珠岡札拉，北至麻拉石。

上多爾樹族，下多爾樹族，二族屬下番人一百三十七戶，東至色寵，南至拉札納克，西至布拉爾根，北至布都克絨。

三札族，屬下番人三十二戶，東至加樹，南至樸株，西至密堤，北至納樹。

三納拉巴族，屬下番人五十戶，東至達隆宗，南至俄喀，西至拉哩，北至加樹邊噶爾。

　　樸族族，屬下番人二十七戶，東至加樹，南至樸株，西至密題，北至納樹。

　　以上三十九族，計四千八百八十九戶，男婦一萬七千六百六名口，徵銀三百九十一兩一錢二分，歸西藏糧務貯庫。《衛藏通志》卷十五，頁五

《衛藏通志》《西藏志》載西藏三十九族土司對照表

《衛藏通志》卷十五，《西藏志》頁一五六至頁一六三。

序號	《衛藏通志》	《西藏志》
1	納書克貢巴族	納克書貢巴
2	畢魯族	納克書畢〔註6〕魯
3	琫盆族	納克書崩盆
4	達格魯族	納克書達格魯克
5	拉克族	納克書拉克什
6	色爾札族	納克書色爾查
7	札嘛爾族	札麻爾
8	阿札克族	上阿札克
9	下阿札克族	下阿札克
10	夥爾孫提嘛爾〔註7〕	夥爾孫提嘛爾
11	夥爾川木桑族	夥爾川目桑
12	夥爾札麻蘇他爾族	夥爾札麻蘇他爾
13	夥爾札麻蘇他爾只多族	夥爾札嘛蘇他爾只多
14	瓦拉族	娃拉
15	夥爾族	夥爾
16	麻魯族	嘛魯
17	寧塔	寧塔
18	尼札爾族	尼查爾
19	參麻布瑪	參嘛布嗎
20	尼牙木札族	尼牙木查
21	利松嘛巴族	利松嘛巴
22	勒達克族	勒達克
23	多麻巴族	多嘛巴
24	羊巴族	羊巴
25	夥爾族	夥爾
26	住牧依戎地方夥爾族	夥爾
27	夥爾族	夥爾
28	彭他麻族	彭他嗎

〔註6〕原文作異，今改正。
〔註7〕《衛藏通志》失載，據《西藏志》補。

序號	《衛藏通志》	《西藏志》
29	夥爾拉賽族	夥爾拉塞
30	上剛噶魯族	上崗噶魯
31	下剛噶魯族	下崗噶魯
32	瓊布拉克魯族	瓊布納克魯
33	噶魯族	噶魯
34	色爾札族	巴爾查
35	上多爾樹族	上奪爾樹
36	下多爾樹族	下奪爾樹
37	三札族	三渣
38	三納拉巴族	三納拉巴
39	樸族族	樸俗

《西征日記》所記三十九族名稱及官名

《川藏遊踪彙編》頁二六三，書成於道光五年。

應付拉里大差各蠻族，三渣昂地，以上二處朋付，述祿半編以上二處朋付，上阿札，下阿札，咱馬爾，貢他馬，索得馬，以上為上五家朋付，上噶如，下噶如，余他馬，馬絨，枳多，哇拉，以上為下六家朋付。

夥爾族番民一百二十一戶，總百戶二員，策倫旺結，卜彥圖。

嘛魯族番民一百七十二戶，百長一員，索朗結吉寧。

塔克族番民四十一戶（參麻布瑪，尼查爾二族附），百長一員，拉爾谷尼牙。

木查族番民六十五戶，百長一員，全宗利松。

嘛巴族番民四十一戶，百長一員，策旺納爾。

布勒達克族番民四十二戶，百長一員，卓瑪爾。

多嘛巴族番民三十三戶，百長一員，工角策達爾。

羊巴族番民二十五戶，百長一員，德進彭他瑪。

夥爾拉塞三族番民五十三戶，百長一員，納結。

夥爾族番民六十六戶，百長一員，納旺瓊布。

噶魯族番民一百零四戶，百戶二員，任蓋納吉土桑。百長八員，策桑索諾木，達爾吉巴，特瑪札什，六達爾策令，彭楚克策倫，彭錯郎郎，彭錯索諾，木達爾，額外百長一員，彭錯丹津拉木結。

瓊布色爾查族番民六百八十七戶，百戶二員，雍鍾汪吉，索朗札巴。百長六員，索諾木諾爾，布朗結，達爾索朗，彭錯汪吉，彭錯答嚕朗吉，仁進堅參。

瓊布納克魯族番民四百九十七戶，百戶一員，雍爾鍾汪吉，百長二員，四朗登珠，札什拉木。

札爾札瑪爾族番民八十一戶，百長一員，丹津彭錯。

上阿札族番民四十九戶，百長一員，朗木結札巴。

下阿札族番民四十八戶，百長一員，丹津札巴。

上奪爾樹族番民六十三戶，百長一員，敦柱楞結。

下奪爾樹族番民七十四戶，百長一員，阿工達爾。

上剛噶爾（魯）族番民七十五戶，百長一員，策令吉。

下剛噶魯族番民七十四戶，百長一員，札什策結。

余他瑪爾族番民一百三十九戶，百戶一員，仁進吉吉汪布。百長一員。楚甲爾孫。

提瑪爾族番民一百十四戶，百戶一員，策旺熱布。

丹枳多畦拉二族番民七十七戶，百長一員，札什策旺。

麻弄族番民十六戶，百長一員，四郎諾爾布。

川目桑族番民四十二戶，百長一員，倫珠札巴。

納克書達格魯克族番民一百八十二戶，總百戶一員，瓊噶。百長二員。仁增三格，索朗擇村。

奔盆族番民一百八十七戶，百戶一員，丹中。百長二員，策楞旺吉。崗布策令。

畢魯族番民二百八十五戶，百戶一員。上覺拉木結。百長三員。工布拉木錯，谷魯汪吉，策忍納松。

色爾查族番民一百七十二戶，百戶一員。絡布汪結，百長二員，雍品索諾木。

納布貢巴族番民一百十三戶，百戶一員，工布達爾百長一員，札什達爾結。

拉克什族番民一百四十二戶，百戶一員。索諾木丹甲，百長二員。哈旺吉策令，雍忠。

拉巴族番民五十戶，百長一員。

色達爾三渣族番民三十二戶，百長一員。

卜拉吉樸樸族番民二十七戶，百長一員，起洛。

以上三十九族番民共四千八百八十九戶，每年按戶額徵銀八分。共應徵貢馬銀三百九十一兩一錢二分。

丁亥夏，余調任西藏糧臺，兼攝夷務章京，徵收貢馬銀兩，三十九族土官絡繹來謁，因就其現官之名，記於此。

序號	《衛藏通志》序　號	族　名	戶　數	官　員
1	15	夥爾族	番民一百二十一戶	總百戶二員，策倫旺結，卜彥圖。
2	16	嘛魯族	番民一百七十二戶	百長一員，索朗結吉寧。

序號	《衛藏通志》序　號	族　名	戶　數	官　員
3	17	塔克族	番民四十一戶，參麻布瑪，尼查爾二族附	百長一員，拉爾谷尼牙。
4	19	參麻布瑪族		
5	18	尼查爾族		
6	20	木查族	番民六十五戶	百長一員，全宗利松。
7	21	嘛巴族	番民四十一戶	百長一員，策旺納爾。
8	22	布勒達克族	番民四十二戶	百長一員，卓瑪爾。
9	23	多嘛巴族	番民三十三戶	百長一員，工角策達爾。
10	24	羊巴族	番民二十五戶	百長一員，德進彭他瑪。
11	27	夥爾拉塞三族	番民五十三戶	百長一員，納結。
12	28			
13	29			
14	25	夥爾族	番民六十六戶	百長一員，納旺瓊布。
15	33	噶魯族	番民一百零四戶	百戶二員，任蓋納吉土桑。百長八員，策桑索諾木，達爾吉巴，特瑪札什，六達爾策令，彭楚克策倫，彭錯郎郎，彭錯索諾，木達爾，額外百長一員，彭錯丹津拉木結。
16	34	瓊布色爾查族	番民六百八十七戶	百戶二員，雍鍾汪吉，索朗札巴。百長六員，索諾木諾爾，布朗結，達爾索朗，彭錯汪吉，彭錯答嚕朗吉，仁進堅參。
17	32	瓊布納克魯族	番民四百九十七戶	百戶一員，雍爾鍾汪吉，百長二員，四朗登珠，札什拉木。
18	7	札爾札瑪爾族	番民八十一戶	百長一員，丹津彭錯。
19	8	上阿札族	番民四十九戶	百長一員，朗木結札巴。
20	9	下阿札族	番民四十八戶	百長一員，丹津札巴。
21	35	上奪爾樹族	番民六十三戶	百長一員，敦柱楞結。
22	36	下奪爾樹族	番民七十四戶	百長一員，阿工達爾。
23	30	上剛噶爾族	番民七十五戶	百長一員，策令吉。
24	31	下剛噶魯族	番民七十四戶	百長一員，札什策結。
25	26	余他瑪爾族	番民一百三十九戶	百戶一員，仁進吉吉汪布。百長一員。楚甲爾孫。
26	10	提瑪爾族	番民一百十四戶	百戶一員，策旺熱布。
27	13	丹枳多族	番民七十七戶	百長一員，札什策旺。
28	14	畦拉族		
29	12	麻弄族	番民十六戶	百長一員，四郎諾爾布。

序號	《衛藏通志》序　號	族　名	戶　數	官　員
30	11	川目桑族	番民四十二戶	百長一員，倫珠札巴。
31	4	納克書達格魯克族	番民一百八十二戶	總百戶一員，瓊噶。百長二員。仁增三格，索朗擇村。
32	3	奔盆族	番民一百八十七戶	百戶一員，丹中。百長二員，策楞旺吉。崗布策令。
33	2	畢魯族	番民二百八十五戶	百戶一員。上覺拉木結。百長三員。工布拉木錯，谷魯汪吉，策忍納松。
34	6	色爾查族	番民一百七十二戶	百戶一員。絡布汪結，百長二員，雍品索諾木。
35	1	納布貢巴族	番民一百十三戶	百戶一員，工布達爾百長一員，札什達爾結。
36	5	拉克什族	番民一百四十二戶	百戶一員。索諾木丹甲，百長二員。哈旺吉策令，雍忠。
37	38	拉巴族	番民五十戶	百長一員。
38	37	色達爾三渣族	番民三十二戶	百長一員。
39	39	卜拉吉樸樸族	番民二十七戶	百長一員，起洛。

《西藏圖攷》載三十九族

卷五,管轄地方頭人。

序號	《衛藏通志》序號	人名	住牧地	族名
1	1	吹鍾結	落克住牧	係納克樹貢巴族。
2	5	建蚕	納克沙住牧	係納克樹納克什族。
3	6	阿卜賴	盆沙尼牙固住牧	係納克色爾查族。
4	2	阿魯	泌體牙岡住牧	納克樹畢魯族。
5	3	拉穆貢	巴爾達住牧	納克樹朋盆族。
6	4	擢鍾	盆索住牧	納克樹達格魯克族。
7		貢結	彭地住牧	係貢結族。
8	7	墨爾根台吉,擇伯結,索諾木札爾布	白臟岡住牧	札嗎爾族。
9	8	龍札克巴喇嘛伊弟丹參札克布	伯明住牧	係上阿札克族。
10	9	那木盞爾札克巴	伯朋住牧	係下阿札克族。
11	10	札嘛蘇塔爾歪柱	查楚住牧	係夥爾孫提嘛爾族。
12	11（族名不符）	川目桑喇嘛光桑奔	巴爾達山木多住牧	係夥爾札嘛蘇塔爾族。
13	12	麻弄那馬姐	麻拉市什住牧	係夥爾札馬蘇塔爾族。
14	13	布麻祿	窩住弎住牧	係夥爾札馬麻塔爾只多族。
15	14	卜沖	窩住弎住牧	係夥爾札麻蘇她爾娃拉屬族。
16		車本藏古特達克介	勒納住牧	係夥爾魏正台吉屬滾兔巴族。
17	16	甘力都拉甘莽充	色哩瓊札住牧	係夥爾魏正台吉屬嗎魯族。
18	17	阿薩嗎	色哩瓊札住牧	係魏正台吉屬下寧塔族。
19	18	甘卜	色哩瓊札住牧	係夥爾魏正台吉屬下尼查爾族。
20	19	多公	色哩瓊札住牧	係夥爾魏正台吉屬下參嘛布馬族。
21	20	干嶺諾爾卜沙木住	木朱特住牧	係夥爾魏正台吉屬下尼牙木查族。
22	21	車令達爾吉	木朱特住牧	係夥爾魏正台吉屬下利松嘛巴族。
23	22	廿那木魯	木朱特住牧	係夥爾魏正台吉屬下勒達克族。
24		更楚策令	木朱特住牧	係夥爾魏正台吉屬下勒達克族。

序號	《衛藏通志》序號	人名	住牧地	族名
25	24	更羊皮爾	木朱特住牧	係㳪爾魏正台吉屬下羊巴族。
26	25	潘達爾佶，厄爾克，拉卜坦，達爾札，烏葛	勒那住牧	係㳪爾族。
27	26	春塿	依戎住牧	係㳪爾族。
28	27	偏貢	朋楚克住牧	係㳪爾族。
29	28	丹津	朋楚克住牧	㳪爾族彭他嘛族。
30	29	奔旺楚克	朋楚克住牧	係㳪爾拉塞族。
31	30	墨爾根台吉	古楚住牧	係上剛噶魯族。
32	31	鄂尼爾	吉獨特住牧	係下剛噶魯族。
33	32	納木札爾策旺	鄂江住牧	係瓊卜納克魯族。
34	33	策旺建蠶	瓊卜住牧	係噶魯族。
35	34	納木結札克旺丹撞拉克巴	瓊卜住牧	係巴爾查族。
36	35	古魯旺札爾擢鍾桑多	年絨住牧	係上奪爾樹族。
37	36	丹志貢，吹鍾貢，旺札佶	年絨住牧	係下奪爾樹族。
38	37	魯達爾	三渣住牧	係三渣族。
39	38	楚克多	三納拉巴住牧	係三納拉巴族。
40	39	余仲魏色爾	樸族住牧	係樸族族。
	15，23 未對應			

西藏管轄三十九族

序號	《衛藏通志》序號	族名	官員	住牧地
1	1	納克書貢巴族	百戶一員	住牧洛克地方
2	2	納克書畢魯族	百戶一員	住牧泌體牙岡地方
3	3	納克書奔盆族	百戶一員	住牧巴爾達穆地方
4	4	納克書達格魯族	百戶一員	住牧盆索地方
5	5	納克書拉什族	百戶一員	住牧納克沙地方
6	6	納克書色爾查族	百戶一員	住牧盆沙尼牙岡地方
7	7	札嘛爾族	百長一員	住牧白臕阿地方
8	8	上阿札克族	百長一員	住牧白奔地方
9	9	下阿札克族	百長一員	住牧白奔地方

序號	《衛藏通志》序　號	族　名	官　員	住　牧　地
10	11	夥爾川木桑族	百戶一員	住牧勒達地方
11	12	夥爾札嘛蘇他爾族	百長一員	住牧勒達地方
12	13	夥爾札嘛蘇他爾只多族	百戶一員	住牧依戎地方
13	14	瓦拉族		均住朋楚克地方
14	15	夥爾族		
15	28	彭他嗎族		
16	29	夥爾拉塞族		
17	16	嘛魯族	百長一員	住牧色里瓊札地方
18	17	寧塔克族		均住牧色里瓊札地方
19	18	尼查爾族		
20	19	參嘛布嗎族		
21	20	尼牙木查族	百長一員	住牧朱特地方
22	21	利松嘛巴族	均百長一員	住牧朱特地方
23	22	勒達克族		
24	23	多嘛巴族		
25	24	羊巴族	百長一員	住牧木珠特地方
26	25	夥爾族	百戶一員	住牧吉楚地方
27	26	住牧依戎地方夥爾族		
28	27	夥爾族		
29		彭他嘛族〔註8〕		
30		夥爾拉賽族〔註9〕		
31	30	上剛噶魯族		
32	31	下剛噶魯族	百長一員	住牧吉楚地方
33	32	瓊布拉克魯族	百戶一員	住牧鄂江地方
34	33	瓊布噶魯族	均百戶二員	住牧瓊布地方
35	34	瓊布色爾查族		
36	35	上多爾樹族	百長一員	住牧年絨地方
37	36	下多爾樹族		
38	37	三渣族	百長一員	住牧三渣地方
39	38	三納拉巴族	百長一員	住牧三納拉巴地方
40	39	撲族族	百長一員	住牧撲族地方
		與《西藏志》校，未載夥爾孫提麻爾族		

〔註8〕與15重複。
〔註9〕與16重複。

《四川通志》（乾隆）載三十九族

卷二十一頁四六管轄地方頭人

序號	《衛藏通志》序號	人名	住牧地	族名
1	1	吹鍾結	落克住牧	係納克樹貢巴族。
2	5	建霾	納克沙住牧	係納克樹納克什族。
3	6	阿卜賴	盆沙尼牙固住牧	係納克樹色爾查族。以上三族共管番民一百七十一戶，大小共六百六十六名。
4	2	阿魯	泌體牙岡住牧	納克樹畢魯族。管轄番民二百八十三戶，大小一千十四名口。
5	3	拉穆貢	巴爾達住牧	納克樹朋盆族。管轄番民一百八十六戶，大小六百三十名口。
6	4	擢鍾	盆索住牧	納克樹達格魯克族。管轄番民一百八十一戶，大小五百五十二名口。以上六族共管番民八百二十一戶，大小二千八百六十二名口，內有住居黑帳房一千零一戶，土房六十一戶，原係蘿蔔藏丹津屬下，每年納馬三十匹，牦牛二百三十隻，犏牛七十隻，羊三百隻，其地東至沙克伯奔界，南至池多界，西至哇奇嘛巴爾達嘛界，北至泌體諾拉克界。
7		貢結	彭地住牧	係貢結族。管轄番民十四戶，大小四十四名口，係黑帳房，原係厄爾得尼吉農屬下，每年納馬一匹，牛四隻，羊七隻，其地東至郭絨界，南至蘇克界，西至娘苦界，北至崩獨克界。
8	7	墨爾根台吉 擇伯結 索諾木札爾布	白臘岡住牧	札嗎爾族。共管番民凡八十三戶，大小四百八名口，係黑帳房，原係厄爾得尼吉農屬下，每年納牛二十五隻，羊三十八隻，其地東至班麻爾拉克界，南至勇冬界，西至哈爾馬功卜界，北至薄普馬爾必烟界。
9	8	龍札克巴喇嘛伊弟丹參札克布	伯崩住牧	係上阿札札克族。共管番民五十一戶，大小二百三十二名口，係黑帳房，原係厄爾得尼吉農屬下，每年納馬一匹半，牛十三隻，羊二十五隻，其地東至陽拉哈界，南至出麻達墨里界，西至拉在噶里界，北至白普馬爾輩界。

序號	《衛藏通志》序號	人　名	住　牧　地	族　　名
10	9	那木盞爾札克巴	伯崩住牧	係下阿札克族。管轄番民四十九戶，大小二百五十七名口，係黑帳房，原係厄爾得尼吉農屬下，每年納馬一匹半，牛十二隻，羊二十五隻，其地東至西古爾界，南至塞爾剛界，西至哈爾嗎功卜界，北至沙布界。
11	10	札嘛蘇塔爾歪柱	查楚住牧	係猓爾孫提嘛爾族。管轄番民一百一十五戶，大小四百名口，其地東至查布空界，南至剛情界，西至達札界，北至奔拉馬界。
12	11（族名不符）	川目桑喇嘛光桑奔	巴爾達山木多住牧	係猓爾札嘛蘇塔爾族。管轄番民四十二戶，大小一百七十四名口，其地東至昂那界，南至賽來松多界，西至撥目界，北至拉功界。
13	12	麻弄那馬姐	麻拉布什住牧	係猓爾札馬蘇塔爾族。管轄番民十六戶，大小八十六名口，其地東至章大界，南至賽爾松多界，西至朗清界，北至拉西界。
14	13	布麻祿	窩住忒住牧	係猓爾札馬麻塔爾只多屬族。管轄番民七十戶，大小二百七十四名口，係土房。
15	14	卜沖	窩住忒住牧	係猓爾札麻蘇她爾娃拉屬族。管轄番民七戶，大小三十七名口，係土房。以上只多娃拉二族共住，其地東至塔克酸界，南至沙爾喇嘛爾界，西至遲拉界，北至那克松多界。
				以上猓爾札麻蘇塔爾屬下五族共二百五十戶，大小共九百七十一名口，內有住居黑帳房一百七十三戶，土房七十七戶，原係厄爾得尼吉農屬下，每年共納馬八匹，牛四十隻，羊九十五隻。
16		車本藏古特達克介	勒納住牧	係猓魏正台吉屬滾兔巴族。共管番民一百二十二戶，大小四百九十二名口，共住，其地東至達木本木界，南至瓊古窩界，西至囊克爾札楚界，北至墨勒木格噶爾界。
17	16	甘力都拉甘莽充	色哩瓊札住牧	係猓爾魏正台吉屬嗎魯族。管轄番民一百七十二戶，大小六百九名口。
18	17	阿薩嗎	色哩瓊札住牧	係猓爾魏正台吉屬下寧塔族。管轄番民十七戶，大小九十四名口。
19	18	甘卜	色哩瓊札住牧	係猓爾魏正台吉屬下尼查爾族。管轄番民七戶，大小二十九名口。

序號	《衛藏通志》序　號	人　名	住牧地	族　名
20	19	多公	色哩瓊札住牧	係猓爾魏正台吉屬下參嘛布嗎族。管轄番民十七戶，大小七十名口。 以上嗎魯，寧塔，尼查爾，參嘛布嗎四族共住，其地東至魯滾界，南至勒爾根界，西至札嗎噶界，北至札嘛達界。
21	20	乾嶺諾爾卜沙木住	木朱特住牧	係猓爾魏正台吉屬下尼牙木查族。管轄番民六十五戶，大小三百三十五名口。
22	21	車令達爾吉	木朱特住牧	係猓爾魏正台吉屬下利松嘛巴族。管轄番民四十一戶，大小一百二十一名口。
23	22	廿那木魯	木朱特住牧	係猓爾魏正台吉屬下勒達克族。管轄番民四十二戶，大小一百六十一名口。
24		更楚策令	木朱特住牧	係猓爾魏正台吉屬下多嘛巴族。管轄番民三十三戶，大小一百十四名口。
25	24	更羊皮爾	木朱特住牧	係猓爾魏正台吉屬下羊巴族。管轄番民二十五戶，大小九十一名口。 以上尼牙木查，利松嘛巴，勒達克，多嘛巴，羊巴五族共住，其地東至阿沙克界，南至色哩索嘛多界，西至哇舒特界，北至圖克吉品界。 以上猓爾魏正台吉屬下十族共五百四十一戶，大小二千一百十六名口，內有住居黑帳房三百一戶，土房二百四十戶，原係厄爾得尼吉農屬下，每年納馬九匹，牛四十四隻，羊八十八隻。
26	25	潘達爾佶 厄爾克 拉卜坦 達爾札 烏葛	勒那住牧	係猓爾族。共管番民六十六戶，大小一百五名口，係黑帳房，原係厄爾得尼吉農屬下，每年納馬一匹半，牛六隻，羊十一隻。 其地東至擦嘛爾尼押克界，南至葛祿克剛界，西至擦嘛塔界，北至押馬大界。
27	26	春�	依戎住牧	係猓爾族。管轄番民一百四十戶，大小四百六十名口，係黑帳房，原係厄爾得尼吉農屬下，每年納馬五匹半，牛二十五隻，羊五十隻。其地東至沙路拉界，南至姑慶界，西至格賴嘛界，北至桑達界。
28	27	偏貢	崩楚克住牧	係猓爾族。管轄番民十九戶，大小七十二名口。
29	28	丹津	崩朋楚克住牧	猓爾族彭他嘛族。管轄番民十九戶，大小八十三名口。

序號	《衛藏通志》序　號	人　名	住牧地	族　名
30	29	奔旺楚克	崩楚克住牧	係𢫃爾拉塞族。管轄番民十六戶，大小六十四名口。 以上偏貢，丹津，奔旺楚克三族俱係黑帳房，共五十四戶，大小二百十九名口，原係厄爾得尼吉農屬下，每年納馬二匹，牛十隻，羊二十隻。共住，其地東至郭忒冗界，南至朋素算多界，西至莫勒目拉哈界，北至當喇界。
31	30	墨爾根台吉	古楚住牧	係上剛噶魯族。管轄反面七十六戶，大小二百八十七名口，內黑帳房六十八戶，土房八戶，原係厄爾得尼吉農屬下，每年納馬二匹，牛二十五隻，羊五十隻。其地東至阿克貢穆哩界，北至巴烏松多界，西至格拉界，北至沙魯拉界。
32	31	鄂尼爾	吉獨特住牧	係下剛噶魯族。管轄番民七十四戶，大小三百四十九名口，內黑帳房五十九戶，土房十五戶，原係厄爾得尼吉農屬下，每年納馬二匹，牛二十五隻，羊五十隻。其地東至阿克貢穆哩界，北至巴烏松多界，西至格拉界，北至沙魯拉界。
33	32	納木札爾策旺	鄂江住牧	係瓊卜納克魯族。管轄番民四百九十四戶，大小一千四百六十六名口，係土房，原係墨爾根代青屬下，每年納牛一百五十隻。
34	33	策旺建蠶	瓊卜住牧	係噶魯族。管轄番民九百九十八戶，大小三千六百八十名口，係土房，原係墨爾根代青屬下，每年納牛五百隻。 以上納木札爾策旺，策旺建蠶共住，其地東至洛多舒界，南至洛魯巴喇總特界，西至窩楚界，北至噶魯界。
35	34	納木結札克旺丹撞拉克巴	瓊卜住牧	係巴爾查族。管轄番民六百八十三戶，大小二千一百五十三名口，係土房，原係墨爾根代青屬下，每年納牛一百五十隻，羊二百隻，其地東至吉楚界，南至巴路界，西至珠剛札拉界，北至麻拉石界。
36	35	古魯旺札爾擺鍾桑多	年絨住牧	係上奪爾樹族。管轄番民六十四戶，大小二百二十八名口，係黑帳房，原係厄爾得尼吉農屬下，每年納馬五匹，牛二十隻，羊一百隻，其地東隻色寵界，南至納札拉克界，西至卜拉爾根界，北至卜獨克絨界

序號	《衛藏通志》序號	人名	住牧地	族名
37	36	丹志貢 吹鍾貢 旺札佶	年絨住牧	係下奪爾樹族。共管番民七十五戶，大小二百二十八名口，係黑帳房，原係厄爾得尼吉農屬下，每年納馬五匹，牛二十隻，羊一百至，共住，其地東至色寵界，南至納札拉克界，西至卜拉爾根界，北至卜獨克絨界。
38	37	魯達爾	三渣住牧	係三渣族。管轄番民三十三戶，大小一百三十八名口，係黑帳房，原係蘿葡藏丹仲屬下，每年納馬四匹，牛六十隻，犏牛二隻，其地多至加樹界，南至樸珠界，西至密題界，北至納樹界。
39	38	楚克多	三納拉巴住牧	係三納拉巴族。管轄番民五十一戶，大小二百九名口，係黑帳房，原係墨爾根代青屬下，每年納馬十二匹，牛一百隻，羊一百隻，其地東至達拉宗界，南至克羢界，西至拉哩界，北至加樹邊噶爾界。
40	39	余仲魏色爾	樸族住牧	係樸族族。管轄番民二十八戶，大小一百二十一名口，係黑帳房，原係蘿葡藏丹仲屬下，每年納馬三匹，牛五十隻，羊五十隻，其地東至加樹界，南至樸珠界，西至密題界，北至納樹界，以上自納克樹殊爾瓊卜等處地方共四十四族，原係西海各札薩屬下部落，於雍正十年九月內撥歸西藏屬四川省管轄。
	15，23 未對應			

《衛藏通志》《西藏志》《藏北牧民》載三十九族對照表

《衛藏通志》卷十五，《西藏志》頁一五六至頁一六三，《藏北牧民》附表。

序號	《衛藏通志》	《西藏志》	《藏北牧民》	《中國藏族部落》
1	納書克貢巴族	納克書貢巴	果木休（375 戶）	（果木休）西藏比如縣，其住牧地在洛克，頁五八八。
2	畢魯族	納克書畢〔註10〕魯	比如（323 戶）	（比如）西藏比如縣人民政府駐地附近，頁五八八。
3	琫盆族	納克書崩盆	彭盼（117 戶）	（彭盼）西藏比如縣人民政府駐地，頁五八九。
4	達格魯族	納克書達格魯克	達珠（303 戶）	（達珠）西藏比如縣，漢文史料將達珠譯為達克魯，達格魯。《西藏圖攷》載達珠部落住牧盆索地方，頁五八九。
5	拉克族	納克書拉克什	熱西（385 戶）	（熱西）西藏比如縣熱西區境內，怒江岸邊，頁五八七。
6	色爾札族（以上六族部共 1081 戶）	納克書色爾查	查仁（413 戶）（以上六部 1916 戶）	（查仁）今西藏比如縣人民政府駐地正西怒江岸邊，在柴仁區境內，頁五八七。
7	札嘛爾族（81 戶）	札麻爾	雜瑪爾（300 戶）	（雜瑪爾）西藏聶榮縣下如區一帶，頁五七二。
8	阿札克族（49 戶）	上阿札克	阿堆（202 戶）	（阿堆）西藏聶榮縣陽錯區一帶，頁五七〇。
9	下阿札克族（48 戶）	下阿札克	阿美（209 戶）	（阿麥）西藏聶榮縣下如區一帶，頁五七一。
10	（失載）	夥爾孫提麻爾	索德（1000 戶）	（索德）西藏聶榮縣白雄區一帶，頁五七二。
11	夥爾川木桑族（42 戶）	夥爾川目桑	沖倉	（沖倉嘎貢）西藏巴青縣雅安多區境內，頁五八四。
12	夥爾札麻蘇他爾族（16 戶）	夥爾札麻蘇他爾	斯希塔	（斯布塔）西藏類烏齊縣桑多區一帶，頁六〇三。
13	夥爾札麻蘇他爾只多族	夥爾札嘛蘇他爾只多	赤如（80 戶）朵巴（77 戶）	（赤如）西藏索縣軍巴區內，怒江邊上，頁五七九。
14	瓦拉族（以上二部 77 戶）	娃拉	軍巴	（軍巴）西藏索縣軍巴區境內，頁五七六。
15	夥爾族（122 戶）	夥爾	朱雪（855 戶）	（朱雪）西藏巴青縣江綿區松塔一帶，頁五八三。

〔註10〕原文作異，今改正。

序號	《衛藏通志》	《西藏志》	《藏北牧民》	《中國藏族部落》
16	麻魯族	嘛魯	瑪如	（瑪如）西藏巴青縣倉來區境內，頁五八五。
17	寧塔	寧塔	寧塔	（寧塔）西藏類烏齊縣桑多區一帶，頁六〇三。
18	尼札爾族	尼查爾		（瑪榮）疑爲瑪榮部落，此部落在西藏巴青縣雅安多區境內，頁五八五。
19	參麻布瑪（以上四族共 213 戶）	參嘛布嗎		
20	尼牙木札族	尼牙木查	嫩查（85 戶）	（嫩查）西藏索縣江達區境內，頁五八〇。
21	利松嘛巴族	利松麻巴	熱松木（45 戶）	（熱松木）西藏索縣江達區境內，頁五八〇。
22	勒達克族	勒達克	質達（46 戶）	（質達）西藏索縣榮布區，頁五七八。
23	多麻巴族	多嘛巴	頓巴	（多巴）西藏索縣軍巴區內，頁五七九。
24	羊巴族（以上五族共 206 戶）	羊巴	央巴（35 戶）	（央巴）西藏索縣江達區境內，頁五八一。
25	夥爾族（66 戶）	夥爾	竹居（209 戶）	（竹居）西藏巴青縣人民政府駐地之南，赤如部落以北的地帶，頁五八四。
26	住牧依戎地方夥爾族（139 戶）	夥爾	益塔（595 戶）	（益塔）西藏巴青縣益塔區內，千戶駐牧地在那曲河與索克河合流之西北部，當在今巴青縣人民政府駐地西側一帶，頁五八二。
27	夥爾族	夥爾		
28	彭他麻族	彭他嗎	本塔（289 戶）	（本塔）西藏巴青縣本索區一帶，頁五八三。
29	夥爾拉賽族（以上三族 53 戶）	夥爾拉塞		
30	上剛噶魯族	上崗噶魯	（不詳）	（嘎堆）西藏丁青縣覺恩區，沙貢區一帶，頁六〇〇。
31	下剛噶魯族（以上二族 149 戶）	下崗噶魯	（不詳）	（嘎麥）西藏丁青縣覺恩區，沙貢區一帶，頁六〇〇。
32	瓊布拉克魯族（497 戶）	瓊布納克魯	那如	（那如）西藏邊壩縣，洛隆縣境內，頁六〇一。

序號	《衛藏通志》	《西藏志》	《藏北牧民》	《中國藏族部落》
33	噶魯族（1004 戶）	噶魯	噶堆 噶麥〔註11〕	
34	色爾札族（687 戶）	巴爾查	恰色 嘎爾康	（恰色）從色爾札族分出，西藏丁青縣色爾札區，頁五九九。 （嘎爾康）西藏丁青縣色爾札區，頁六〇〇。
35	上多爾樹族	上奪爾樹	多爾盧堆馬	（多爾堆）西藏丁青縣覺恩區，沙貢區，頁六〇一。
36	下多爾樹族（以上二族137戶）	下奪爾樹	多爾盧買瑪	（多爾麥）西藏類烏齊縣，頁六〇一。
37	三札族（32 戶）	三渣	森擦（70 戶）	
38	三納拉巴族（50戶）	三納拉巴		（那若）頁五九〇。
39	樸族族（27 戶）	樸俗	布作木（103 戶）	（布作）頁五九〇。
40			寧木	
41			瑪榮（63 戶）	（瑪榮）頁五八五。
42			瑪盧	
43			那若（100 戶）	（那若）頁五九〇。
44			（？）	
45			格木（220 戶）	（格木）頁五七三。
46			巴烏（230 戶）	（巴吳）頁五七四。
47			百日（80 戶）	（百日）頁五七三。
48			（？）	
49			洛所（125 戶）	（洛所）頁五七四。
50			雅安	（雅安多）頁五八四。
51				（尼木）頁六〇五。
52				（岡如）頁六〇五。

〔註11〕《藏北牧民》將噶堆，噶麥對應爲《衛藏通志》第三十三族即噶魯族，疑誤，似爲《衛藏通志》之第三十，第三十一族，即上剛噶魯族，下剛噶魯族，但戶數相差太大，待攷。

西藏部落

《大清一統志》（嘉慶）載西藏部落

《大清一統志》（嘉慶）卷五百四十七

序號	部 落 名	四　至	今　地　攷
1	噶克卜部落	噶克卜部落，在喇薩東南八百四十里，衛喀木邊界之間，與羅克卜札國接界，其相近有恭布部落，番夷三千餘戶，每歲進馬二匹於達賴喇嘛。	工布外東南地區。
2	羅克卜札國（珞瑜茹巴）	噶克卜部落，在喇薩東南八百四十里，衛喀木邊界之間，與羅克卜札國接界，其相近有恭布部落，番夷三千餘戶，每歲進馬二匹於達賴喇嘛。	即今所稱之珞巴族者，清代史料所稱之珞瑜，今該地大部爲印度佔據之阿薩姆山區者。即珞瑜茹巴（見《西藏志》疆圉條頁十四）
3	恭布	噶克卜部落，在喇薩東南八百四十里，衛喀木邊界之間，與羅克卜札國接界，其相近有恭布部落，番夷三千餘戶，每歲進馬二匹於達賴喇嘛。	今西藏工布江達縣一帶地區，清代此地已分設宗。
4	薩噶部落	薩噶部落，在日喀則城西南八百三里。	西藏薩嘎縣一帶地區，清代該地設有撒喀宗，此處列爲部落是否爲傳統之稱呼，部落已不存在而代之以宗。
5	卓書特部落	其西四百二十里，有卓書特部落，乃藏之西界，阿里之東界。	在今西藏薩嘎縣以西一帶地區，雅魯藏布江發源於此部落西南三百四十里處。
6	者巴部落	者巴部落，在日喀則城西四百二十里。	待攷。
7	羅部落	羅部落，在日喀則城西南一千一百十里。	今尼泊爾佔據之木斯塘地區。
8	噶爾道營	噶爾道營，在喇薩西北二千五百餘里。	疑即《西藏奏疏》卷一頁二之噶爾凍，即今西藏普蘭縣仁貢鄉嘎爾東村《西藏自治區地圖冊》。
9	達克喇古格	達克喇古格諸城，及者巴部落，各遣兵一百，設蒙古土番頭目各一名，防禦於此，乃阿里之北界也。	西藏札達縣古格王國遺址一帶。
10	拉佗部落	其在喀木西北界者，有拉佗部落，舒布倫巴部落，格爾濟部落，塞爾匝納爾噶魯部落，瓦舒部落，或屬西海台吉，亦附達賴喇嘛。	待攷。

序號	部落名	四　至	今　地　攷
11	舒布倫巴部落	其在喀木西北界者，有拉佗部落，舒布倫巴部落，格爾濟部落，塞爾匝納爾噶魯部落，瓦舒部落，或屬西海台吉，亦附達賴喇嘛。	待攷。
12	格爾濟部落	其在喀木西北界者，有拉佗部落，舒布倫巴部落，格爾濟部落，塞爾匝納爾噶魯部落，瓦舒部落，或屬西海台吉，亦附達賴喇嘛。	待攷。
13	塞爾匝納爾噶魯部落	其在喀木西北界者，有拉佗部落，舒布倫巴部落，格爾濟部落，塞爾匝納爾噶魯部落，瓦舒部落，或屬西海台吉，亦附達賴喇嘛。	待攷。
14	瓦舒部落	其在喀木西北界者，有拉佗部落，舒布倫巴部落，格爾濟部落，塞爾匝納爾噶魯部落，瓦舒部落，或屬西海台吉，亦附達賴喇嘛。	待攷。

《衛藏通志》載西藏部落

　　《衛藏通志》卷十五所載部落亦多，然有屬西寧辦事大臣者，亦有界外之部。

序號	部 落 名	今 地 攷 或 備 注
1	唐古忒	此爲《衛藏通志》於達賴喇嘛所屬藏人之稱謂。
2	達木蒙古	今西藏當雄縣一帶，直屬於駐藏夷情章京。
3	西寧管轄四十族	清時期屬西寧辦事大臣，見青海專攷。
4	西藏管轄三十九族	見專攷。
5	纏頭	藏人對西藏周邊及來藏信仰回教諸民族之統稱，非具體一部落。
6	卡契	藏人對西藏周邊及來藏信仰回教諸民族之統稱，非具體一部落。
7	布嚕克巴	今不丹，布嚕克巴原有之土地爲英印多所佔據，今印度續佔之。
8	巴勒布	今尼泊爾之加德滿都谷地一帶，時分三部，後爲其屬部廓爾喀侵併，稱廓爾喀，爲清廷之藩屬，非藏屬。
9	廓爾喀	今尼泊爾之一部，本爲一小部落，後侵併諸多部落，稱其國爲廓爾喀，爲清廷之藩屬，非藏屬。
10	哲孟雄	今印度佔據之錫金，原有之土地爲英印多所佔據，今印度續佔之。
11	宗木	尼泊爾境內，《西藏圖說》圖八言宗木小部在定結外正南，東南毗連哲孟雄，具體位置待攷。
12	作木朗	今尼泊爾久姆拉(Jumla)地區，北緯29°16'07.39"，東經82°10'09.32"附近。
13	洛敏湯	疑即《大清一統志》(嘉慶)所載之羅部落，今尼泊爾佔據之木斯塘（Musthang）地區。《衛藏通志》卷二頁十一載洛敏湯位於作木朗以東，人戶三四百家，《西藏圖說》圖四言博第拉西爲洛敏湯，又西爲作木朗。《丁巳秋閱吟》之《還宿袞達》詩曰洛敏湯在濟嚨，宗喀西北，部落至袞達（今西藏吉隆縣棍打村）六日。
14	庫呢	今印度庫魯（kullu）地區，北緯31°57'31.09"，東經77°06'45.62"。
15	白木戎	今印度佔據之錫金邦，錫金邦較哲孟雄原有領土爲小，哲孟雄之領土印度割入西孟加拉邦。
16	第哩巴察	即西藏對印度之英國人之稱謂。
17	巴爾底薩雜爾	尼泊爾與布魯克巴間一部落，待攷。
18	工布江達	今西藏工布江達縣一帶地區，清代此地已分設宗。
19	上下波密	下波密西藏已設薄窩宗。上波密爲部落，又分上中下波密，部落王宮遺址在今西藏波密縣古鄉嘎朗村。
20	拉哩	西藏嘉黎縣嘉黎鎮，西藏已設拉里宗。此處列爲部落是否爲傳統之稱呼，部落已不存在或宗與部落並存，待攷。
21	邊壩	又名達隆宗，今西藏邊壩縣。

序號	部　落　名	今　地　攷　或　備　注
22	碩板多	西藏洛隆縣碩督鎮，西藏已設碩板多宗。此處列爲部落是否爲傳統之稱呼，部落已不存在或宗與部落並存，待攷。
23	洛隆宗	西藏洛隆縣康沙鎮，西藏已設洛隆宗。此處列爲部落是否爲傳統之稱呼，部落已不存在或宗與部落並存，待攷。
24	類烏齊	呼圖克圖地，見專攷。
25	察木多	呼圖克圖地，見專攷。
26	乍丫	呼圖克圖地，見專攷。
27	巴塘	四川省巴塘縣，清時期屬四川省。
28	里塘	四川省理塘縣，清時期屬四川省。
29	打箭爐	四川省康定縣，清時期屬四川省。
30	三暗巴	又名三岩，西藏貢覺縣雄松鄉，四川白玉縣山岩鄉跨金沙江一帶地方，趙爾豐武力川邊改土歸流時設武城縣，縣署即位於雄松鄉。

西藏部落之政區

拉達克地名攷

《大清一統志》（嘉慶）載爲城，實爲部落。

序號	地 名	出 處	今 地 攷
1	拉達克城	《大清一統志》（嘉慶）卷五百四十七	今拉達克部首邑列城。
2	札石岡	《大清一統志》（嘉慶）卷五百四十七	今西藏噶爾縣札西岡鄉。
3	丁木岡	《大清一統志》（嘉慶）卷五百四十七	今拉達克境內丁木剛，《西藏圖攷》西藏全圖作第穆岡。
4	喀式	《大清一統志》（嘉慶）卷五百四十七	《皇朝續文獻通攷》臣謹按，前《通攷》阿哩屬地無拉達克而有楚瑪爾德，一作出木爾的，底本岡，喀什，畢底四邑，《一統志》此四邑大半屬拉達克，而拉達克屬阿哩，固皆我之藩服也。具體位置待攷。
5	巴果	《西藏奏疏》卷一頁二十一	今拉達克境內北緯 34°12'34.86"，東經 77°17'03.35"附近，該地《谷歌地球》英文地名作 Basgo。
6	協里	《西藏奏疏》卷一頁三十	今拉達克境內北緯 34°04'20.62"，東經 77°38'21.82"附近，該地《谷歌地球》英文地名作 Shey。

布魯克巴地名攷

序號	地 名	出 處	今 地 攷
1	吞布	《光緒十一年五月起至十二年七月止漢番委員前往查辦布魯克巴夷務取具兩造遵依切結發給斷牌完案並漢番各員從優給獎各摺片全卷》，錄自《西藏奏議‧川藏奏底合編》	今布魯克巴首府延布（Thimphu）。
	蚌湯德慶城	《西藏志》附錄條，頁三五《衛藏通志》卷十五，頁十一	今布魯克巴首府延布之札西曲宗。
	札喜曲宗	《光緒二年正月起至八月止奏爲披楞租地修路欲來藏通商派員馳往設法禁阻全卷》，錄自《西藏奏議‧川藏奏底合編》	

序號	地　名	出　　處	今　地　攷
2	巴竹	《光緒十一年五月起至十二年七月止漢番委員前往查辦布魯克巴夷務取具兩造遵依切結發給斷牌完案並漢番各員從優給獎各摺片全卷》	今布魯克巴之帕羅宗（Paro）。
	仁繃	《光緒二年正月起至八月止奏爲披楞租地修路欲來藏通商派員馳往設法禁阻全卷》，錄自《西藏奏議・川藏奏底合編》 《光緒十一年五月起至十二年七月止漢番委員前往查辦布魯克巴夷務取具兩造遵依切結發給斷牌完案並漢番各員從優給獎各摺片全卷》，錄自《西藏奏議・川藏奏底合編》	
3	終薩	《滿慶　恩慶駐藏奏稿》之《布魯克巴與披楞交戰藏地已於邊境妥爲防禦摺》，《清代藏事奏牘》頁三三〇 《光緒十一年五月起至十二年七月止漢番委員前往查辦布魯克巴夷務取具兩造遵依切結發給斷牌完案並漢番各員從優給獎各摺片全卷》，錄自《西藏奏議・川藏奏底合編》	今布魯克巴之通薩宗（Trongsa）。
4	巴桑卡	《滿慶　恩慶駐藏奏稿》之《布魯克巴與披楞交戰藏地已於邊境妥爲防禦摺》，《清代藏事奏牘》頁三三〇 《光緒二年正月起至八月止奏爲披楞租地修路欲來藏通商派員馳往設法禁阻全卷》，錄自《西藏奏議・川藏奏底合編》	與庫奇比哈爾接壤之布魯克巴一地名，今多譯名布華山口（Buxa），北緯 26°42'28.61"，東經 89°33'43.90"。
5	噶爾薩	《光緒二年正月起至八月止奏爲披楞租地修路欲來藏通商派員馳往設法禁阻全卷》，錄自《西藏奏議・川藏奏底合編》	今布魯克巴加薩宗（Gasa）。
	噶薩	《光緒十一年五月起至十二年七月止漢番委員前往查辦布魯克巴夷務取具兩造遵依切結發給斷牌完案並漢番各員從優給獎各摺片全卷》，錄自《西藏奏議・川藏奏底合編》	
6	補湯（繃湯）	《光緒二年正月起至八月止奏爲披楞租地修路欲來藏通商派員馳往設法禁阻全卷》，錄自《西藏奏議・川藏奏底合編》	今布魯克巴布賈卡爾宗（Jakar），通常作布姆塘宗（Bumthang）。
7	海地	《光緒二年正月起至八月止奏爲披楞租地修路欲來藏通商派員馳往設法禁阻全卷》，錄自《西藏奏議・川藏奏底合編》	布魯克巴哈宗（Ha），見《清代西藏與布魯克巴》頁一五八。
	海仲巴	《光緒十一年五月起至十二年七月止漢番委員前往查辦布魯克巴夷務取具兩造遵依切結發給斷牌完案並漢番各員從優給獎各摺片全卷》，錄自《西藏奏議・川藏奏底合編》	
8	汪宗	《光緒十一年五月起至十二年七月止漢番委員前往查辦布魯克巴夷務取具兩造遵依切結發給斷牌完案並漢番各員從優給獎各摺片全卷》，錄自《西藏奏議・川藏奏底合編》	布魯克巴旺堆頗章宗（Wangdue phodrang）。

序號	地　名	出　　　處	今　地　攷
9	哲宗	《光緒十一年五月起至十二年七月止漢番委員前往查辦布魯克巴夷務取具兩造遵依切結發給斷牌完案並漢番各員從優給獎各摺片全卷》，錄自《西藏奏議・川藏奏底合編》	哲宗，待攷。
10	補納	《光緒十一年五月起至十二年七月止漢番委員前往查辦布魯克巴夷務取具兩造遵依切結發給斷牌完案並漢番各員從優給獎各摺片全卷》，錄自《西藏奏議・川藏奏底合編》	布魯克巴普納卡宗（Punakha）。
11	嶺昔	《光緒十一年五月起至十二年七月止漢番委員前往查辦布魯克巴夷務取具兩造遵依切結發給斷牌完案並漢番各員從優給獎各摺片全卷》，錄自《西藏奏議・川藏奏底合編》	今布魯克巴靈希（Lingshi）。
12	拉雅	《光緒十一年五月起至十二年七月止漢番委員前往查辦布魯克巴夷務取具兩造遵依切結發給斷牌完案並漢番各員從優給獎各摺片全卷》，錄自《西藏奏議・川藏奏底合編》	今布魯克巴拉雅（Laya）
13	洞朗	《光緒十一年五月起至十二年七月止漢番委員前往查辦布魯克巴夷務取具兩造遵依切結發給斷牌完案並漢番各員從優給獎各摺片全卷》，錄自《西藏奏議・川藏奏底合編》	似即今西藏亞東縣洞朗地區。
14	浪工朗	《光緒十一年五月起至十二年七月止漢番委員前往查辦布魯克巴夷務取具兩造遵依切結發給斷牌完案並漢番各員從優給獎各摺片全卷》，錄自《西藏奏議・川藏奏底合編》	待攷
15	達噶	《光緒十一年五月起至十二年七月止漢番委員前往查辦布魯克巴夷務取具兩造遵依切結發給斷牌完案並漢番各員從優給獎各摺片全卷》，錄自《西藏奏議・川藏奏底合編》	今布魯克巴達噶宗（Daga）
16	噶倫繃	《光緒十四年十二月起至十八年五月止布魯克巴傾誠向化懇請頒給敕書印信祇領並褒獎各摺片全卷》，錄自《西藏奏議・川藏奏底合編》	今印度佔據之噶倫堡，英文作 Kalimpong，北緯 27°03'57.11"，東經 88°28'15.27"一帶地區。
17	波棟	《光緒十四年十二月起至十八年五月止布魯克巴傾誠向化懇請頒給敕書印信祇領並褒獎各摺片全卷》，錄自《西藏奏議・川藏奏底合編》	今爲印度侵佔，英文作 Pedong，北緯 27°09'34.71"，東經 88°36'57.30"一帶地區。《藏牘隨記》作白東 Pedong。
	白棟	《奏爲布魯克巴傾誠向化請頒給敕書印信責令防守邊隘以固藩籬恭摺仰祈聖鑒事》，《光緒朝硃批奏摺》第一一一輯頁二四六	
18	札喜岡	《奴才升泰跪奏爲邊事完案請將前次奏懇天恩賞封布魯克巴部長諾門罕及札薩克等敕印由驛頒發祇領以綏疆圉而專責成恭摺仰祈聖鑒事》，《光緒朝硃批奏摺》第一一一輯頁二五一	今布魯克巴塔希岡宗（Trashigang）。

序號	地　名	出　　　處	今　地　攷
19	疊瓦塘	《奴才升泰跪奏爲邊事完案請將前次奏懇天恩賞封布魯克巴部長諾門罕及札薩克等敕印由驛頒發祇領以綏疆圉而專責成恭摺仰祈聖鑒事》，《光緒朝硃批奏摺》第一一一輯頁二五一	在白棟之東，具體位置待攷。
20	葛爾哈朱	《光緒二年正月起至八月止奏爲披楞租地修路欲來藏通商派員馳往設法禁阻全卷》，錄自《西藏奏議·川藏奏底合編》	似即今印度佔據之庫奇比哈爾（Koch Bihar）。

哲孟雄地名攷

序號	地　名	出　　處	今　地　攷
1	勞丁宰	《西藏志·附錄》頁二二	勞丁宰舊爲哲孟雄部長所居宮殿名，其地名拉達孜（Rabdentse），爲哲孟雄第二個首府，第一個首府爲 Yuksom（北緯 27°22'30.82"，東經 88°13'18.06"附近），北緯 27°18'06.81" 東經 88°15'23.73"，《西藏志》白木戎條所載之白馬楊青寺（Pemayangtse Monastery）在其附近，該寺爲哲孟雄著名之大寺。
2	納噶爾漢雜納	《西藏志·附錄》頁二三	待攷。
3	余隆巴	《西藏志·附錄》頁二三	待攷。
4	拉不立	《西藏志·附錄》頁二三	待攷。
5	額朗紬	《西藏志·附錄》頁二三	待攷。
6	隘巴	《西藏志·附錄》頁二三	待攷。
7	立巴	《西藏志·附錄》頁二三	待攷。
8	雜不立	《西藏志·附錄》頁二三	待攷。
9	通龍 Tumlong	《藏輶隨記》	哲孟雄第三個首府，北緯 27°24'46.31"，東經 88°35'03.59"。
10	崗多	《衛藏通志》卷二頁七	今印度佔據之錫金首府甘托克，爲哲孟雄第個四首府。
	甘托 Gantok	《藏輶隨記》	
11	西里古里 Siliguri	《藏輶隨記》	今印度佔據，北緯 26°42'39.00"，東經 88°25'49.84"。
12	獨脊嶺	《川督劉秉璋等奏籌商英藏交涉摺》，《清季外交史料》光緒朝卷六九頁二一	原爲哲孟雄所轄一地區名，英文作 Darjeeling，今爲印度佔據，北緯 27°02'07.18"，東經 88°15'50.07"一帶地區。
	大吉嶺	《總署覆議印藏通商事宜摺》，《清季外交史料》光緒朝卷六九頁二七	

序號	地　名	出　　處	今　地　攷
13	納金	《升泰駐藏奏稿》之《巡閱後藏各隘情形摺》，《清代藏事奏牘》頁七八四	今多譯作拉金，英文作 Lachen，爲一谷地，爲後藏赴哲孟雄之捷徑，北緯 27°43'00.53"，東經 88°33'24.00"一帶。
14	納窮	《裕鋼駐藏奏稿》之《委員何光變到邊英不照覆情形片》，《清代藏事奏牘》頁一一三七	《西藏自治區地圖冊》作拉窮，英文作 Lachung，爲一谷地，北緯 27°41'41.63"，東經 88°44'45.33"一帶。

波密地名攷

序號	地　名	出　　處	今　地　攷
1	窮多	《隆文駐藏奏稿》之《博窩逸犯自首並妥議管理章程摺》，《清代藏事奏牘》頁一一〇	西藏波密縣傾多鎮傾多村。
	曲木多	《文蔚　慶祿駐藏奏稿》之《剿辦博窩出力人員請獎摺》，《清代藏事奏牘》頁一二七	
	傾多	《清末川滇邊務檔案史料》第八八七號文檔	
2	曲木多寺	《隆文駐藏奏稿》之《博窩逸犯自首並妥議管理章程摺》，《清代藏事奏牘》頁一一〇	即今西藏波密縣傾多鎮傾多寺。
3	宿凹宗	《隆文駐藏奏稿》之《博窩逸犯自首並妥議管理章程摺》，《清代藏事奏牘》頁一一〇	西藏波密縣古鄉雪瓦卡村（xuewakacun）《谷歌地球》。
	學哇	《清末川滇邊務檔案史料》第九四〇號文檔	西藏波密縣玉普鄉宿窪村《百度電子地圖》《中國電子地圖 2005》。
4	晶沃	《隆文駐藏奏稿》之《博窩逸犯自首並妥議管理章程摺》，《清代藏事奏牘》頁一一〇	西藏波密縣易貢鄉。
	彝貢	《清末川滇邊務檔案史料》第九五〇號文檔	
5	玉如	《隆文駐藏奏稿》之《博窩逸犯自首並妥議管理章程摺》，《清代藏事奏牘》頁一一〇	西藏波密縣玉仁鄉。
6	有茹寺	《隆文駐藏奏稿》之《博窩逸犯自首並妥議管理章程摺》，《清代藏事奏牘》頁一一〇	西藏波密縣玉仁鄉玉仁寺遺址。
7	宿木果寺	《隆文駐藏奏稿》之《博窩逸犯自首並妥議管理章程摺》，《清代藏事奏牘》頁一一〇	西藏波密縣許木鄉許木多村許木寺遺址。
8	宿木	《清末川滇邊務檔案史料》第八九七號文檔	西藏波密縣許木鄉許木多村。
9	普隆	《隆文駐藏奏稿》之《博窩逸犯自首並妥議管理章程摺》，《清代藏事奏牘》頁一一〇	該寺在西藏波密縣傾多鎮朱西村。
10	普龍寺	《隆文駐藏奏稿》之《博窩逸犯自首並妥議管理章程摺》，《清代藏事奏牘》頁一一〇	該寺在西藏波密縣傾多鎮朱西村普龍寺遺址。
	普龍寺	《清末川滇邊務檔案史料》第八九七號文檔	
11	批批	《隆文駐藏奏稿》之《博窩逸犯自首並妥議管理章程摺》，《清代藏事奏牘》頁一一〇	西藏波密縣康玉鄉通德村《波密史料札記》，具體位置待攷。

序號	地　名	出　　　處	今　地　攷
12	湯堆	《隆文駐藏奏稿》之《博窩逸犯自首並妥議管理章程摺》，《清代藏事奏牘》頁一一〇	西藏波密縣康玉鄉《波密史料札記》，具體位置待攷。
13	策熱	《文蔚　慶祿駐藏奏稿》之《分兵剿補博窩獲勝摺》，《清代藏事奏牘》頁一一九	其地去湯堆僅止七八里遠近，具體位置待攷。
14	金珠	《隆文駐藏奏稿》之《博窩逸犯自首並妥議管理章程摺》，《清代藏事奏牘》頁一一〇	西藏墨脫縣格當鄉。
	金竹村	《清末川滇邊務檔案史料》第九五二號文檔	
15	納沃	《文蔚　慶祿駐藏奏稿》之《分兵剿補博窩獲勝摺》，《清代藏事奏牘》頁一一九	具體位置待攷。
	納沃頂	《文蔚　慶祿駐藏奏稿》之《分兵剿補博窩獲勝摺》，《清代藏事奏牘》頁一一九	具體位置待攷。
16	廈爾嶺	《文蔚　慶祿駐藏奏稿》之《攻克博窩賊巢殲誅首惡全部底定摺》，《清代藏事奏牘》頁一二三	西藏波密縣易貢鄉。
17	桑嶺寺	《清末川滇邊務檔案史料》第九六〇號文檔	西藏波密縣易貢鄉桑林寺。
18	松宗	《文蔚　慶祿駐藏奏稿》之《剿辦博窩出力人員請獎摺》，《清代藏事奏牘》頁一二七	西藏波密縣松宗鄉。
	松宗	《清末川滇邊務檔案史料》第九二〇號文檔	
19	東九	《清末川滇邊務檔案史料》第五八四號文檔	西藏林芝縣魯朗鎮東九村。
20	湯墨	《清末川滇邊務檔案史料》第五八四號文檔	西藏波密縣通麥。
21	求納麻	《清末川滇邊務檔案史料》第八八七號文檔	西藏波密縣傾多鎮曲拉馬村。
22	普那	《清末川滇邊務檔案史料》第九二〇號文檔	西藏波密縣玉仁鄉普拿村。
23	奪吉	《清末川滇邊務檔案史料》第九二〇號文檔	西藏波密縣多吉鄉。
24	曲宗寺	《清末川滇邊務檔案史料》第九二〇號文檔	西藏波密縣多吉鄉巴林村。
25	札母	《清末川滇邊務檔案史料》第九四〇號文檔	西藏波密縣所在地札木鎮札木村。
26	達心寺	《清末川滇邊務檔案史料》第九四〇號文檔	西藏波密縣札木鎮達興村，該村有該寺遺址。
27	拔龍	《清末川滇邊務檔案史料》第九五〇號文檔	西藏波密縣多吉鄉八弄村。
28	八噶	《清末川滇邊務檔案史料》第九六八號文檔	西藏波密縣八蓋鄉。
29	卡達	《清末川滇邊務檔案史料》第九七六號文檔	西藏波密縣札木鎮卡達村。

瞻　對

　　瞻對即今四川省新龍縣一帶。

　　自康熙五十九年清廷納西藏於治下,漸次招撫西康各藏人部落,瞻對亦受撫,授以土司,然瞻民桀驁爲諸土司最,自雍正至清末,無朝不用兵平亂,然皆旋平旋復。至同治四年,瞻對復侵凌諸土司,梗塞大道,時太平軍爲亂,川省兵力單薄,遂邀同藏兵會剿,藏兵先行攻破瞻對營寨,索兵費三十萬兩,時川省庫帑竭蹶,奉旨瞻對歸藏管轄。及劃歸藏屬,駐瞻藏官假達賴喇嘛名於川省藏人諸土司事務多所干預,瞻民亦因藏官苛虐,時起反抗,擾亹川屬諸土司,頗爲川省不滿,鹿傳霖督蜀時力主收歸川轄不果,直至清末趙爾豐於川邊武力改土歸流,強令瞻對歸川,至宣統三年五月二十二日藏官離瞻回藏,瞻對不復爲藏轄,研究清代西藏政區者,瞻對爲藏轄之史實不可略也。

西藏地名補

西藏之政區，以宗與城爲政區者已見前，而揀重要之地名補充如下。

序號	地 名	出 處	今 地 攷
1	噶爾凍	《西藏奏疏》卷一頁二	西藏普蘭縣仁貢鄉嘎爾東村《西藏自治區地圖冊》。
2	卓許	《西藏奏疏》卷一頁九	待攷。
3	幾湯	《西藏奏疏》卷一頁十六	待攷。
4	多玉	《西藏奏疏》卷一頁二十	西藏普蘭縣多油鄉《西藏自治區地圖冊》。
5	巄巴熱	《西藏奏疏》卷一頁五十六	待攷。
6	三桑	《西藏志》疆圉條，頁十五 《衛藏通志》卷二，頁十四	西藏昂仁縣桑桑鎮。
7	賽爾	《西藏志》附錄條，頁二十二	西藏定結縣薩爾鄉。
8	札木	《衛藏通志》卷二，頁二	西藏聶拉木縣樟木鎮。
9	喀達	《衛藏通志》卷四，頁二十一	西藏定日縣曲當鄉。
	噶爾達	《衛藏通志》卷二，頁二	
10	崑布	《衛藏通志》卷二，頁二	今在尼泊爾境內，具體位置待攷。
11	定日	《衛藏通志》卷三，頁七	西藏定日縣崗嘎鎮，第哩浪古爲定日之本名。
	第哩浪古	《衛藏通志》卷十三上，頁十二	
12	日納宗	《衛藏通志》卷二，頁十五 《西藏賦校註》	疑在哲孟雄境內北緯27°10'49.22"，東經88°39'08.01"附近，該地《谷歌地球》英文地名作Rhenak。
	熱納宗	《色愣額駐藏奏稿》之《咨駐藏大臣文碩藏番建立炮臺事件現已查明具奏並咨覆總署抄錄奏稿咨請查照》，《清代藏事奏牘》頁四八〇	
13	隆吐	《色愣額駐藏奏稿》之《咨駐藏大臣文碩藏番建立炮臺事件現已查明具奏並咨覆總署抄錄奏稿咨請查照》，《清代藏事奏牘》頁四八〇	今哲孟雄境內北緯27°14'07.58"，東經88°45'42.07"附近，該地《谷歌地球》英文地名作Lingtam。
14	納蕩	《駐藏幫辦大臣副都統銜奴才升泰跪奏恭摺覆陳仰祈聖鑒事》，《光緒朝硃批奏摺》第一一一輯頁四〇	今哲孟雄境內北緯27°18'58.10"，東經88°49'47.88"附近，該地《西藏自治區地圖冊》作納塘。《谷歌地球》英文地名作Gnathang。

序號	地 名	出　　處	今 地 攷
15	納東	《駐藏大臣升泰奏哲布本係藏地藩屬片》，《清季外交史料》卷七十七頁十四	今西藏亞東縣一帶一小地名，後範圍漸大，指今亞東縣所在地河谷地區皆名之，此地本名卓木，分上下二部，爲帕里宗轄地。
	亞東	《駐藏大臣升泰奏藏番具結停戰後私犯敵營致敗摺》，《清季外交史料》卷七十七頁二十二	
	卓木	《賽沖阿藏事奏牘》之《檄諭哲孟雄部長文》，《清代藏事奏牘》頁六六	
16	達旺	《西藏圖說》頁二十一圖九之說，頁二十三圖十一標註之	今印度侵佔之達旺地區，有著名之達旺寺。
17	白瑪果	《隆文駐藏奏稿》之《博窩逸犯自首並妥議管理章程摺》，《清代藏事奏牘》頁一〇八	今西藏墨脫縣一帶地區，部份地區今爲印度佔據。
	白馬貴	《滿慶　恩慶駐藏奏稿》之《藏軍已分佈各邊防禦摺》，《清代藏事奏牘》頁三三一	
18	咱義	《衛藏通志》卷二，頁十五	今西藏察隅縣地區，部份地區爲印度侵佔。

甘肅省土司攷

清時期甘肅省之土司，《大清一統志》（嘉慶）未載。《皇朝續文獻通攷》亦未載，而《欽定大清會典事例》（嘉慶）卷四百四十所載僅爲土司之名，土司之方位處所難知，茲據《西寧府新志》，《清史稿》等書以攷其方位。

《欽定大清會典事例》（嘉慶）載甘肅土司

《欽定大清會典事例》（嘉慶）卷四百四十兵部官制各省土官世職，載甘肅土司共四十二家，其中指揮使八人。指揮同知七人。指揮僉事八人。千戶八人。副千戶二人。百戶九人。

序號	《欽定大清會典事例》（嘉慶）卷四百四十	土司名	《清史稿》序號	《西寧府新志》序號〔註1〕	今 地 攷
1	西川外委土司一人，康熙四十二年改爲指揮僉事。	西川司	17	6	青海省湟中縣海子溝鄉。
2	撒拉爾外委土官二人，雍正七年改爲土千戶。	撒拉爾司〔註2〕	19 20		青海省循化縣。 青海省同仁縣保安鎮。
3	麻竜里外委土官一人，康熙二十一年改爲土百戶。	麻竜里司	7		甘肅省宕昌縣阿塢鄉別竜村附近。
4	攢都溝外委百戶一人，乾隆九年改爲土百戶。	攢都溝司	6		甘肅岷縣中寨鎮攢都溝。
5	連城指揮使一人。	連城司	33		甘肅省永登縣連城鎮。

〔註 1〕《青海土族社會歷史調查》亦錄自該書。
〔註 2〕注意此處之土司爲二家。

序號	《欽定大清會典事例》（嘉慶）卷四百四十	土司名	《清史稿》序號	《西寧府新志》序號〔註1〕	今　地　攷
6	趙家灣指揮同知一人。	趙家灣司	25	10	青海省樂都縣壽樂鎮趙家灣村。
7	資卜指揮僉事一人。	資卜司	11		甘肅省臨潭縣初布鄉附近。
8	甘肅宕昌土百戶一人。	宕昌司	5		甘肅省宕昌縣。
9	甘肅老鴉堡指揮同知一人。	老鴉堡司	26	12	青海省樂都縣高廟鎮老鴉村，《清史稿》言阿氏世居老鴉白崖子，老鴉堡，老鴉村與白崖子相距僅三公里餘。
10	紅山堡指揮僉事一人。	紅山堡司	疑爲34		甘肅省永登縣紅城鎮附近。
11	甘肅寄彥才溝指揮使一人。	寄彥才溝司	13	1	青海省平安縣三合鎮三合村，附近另有一村名祁新莊村。寄彥才溝爲蒙語風水寶地之意，見《王化家族，基於對西祁土司的歷史攷察》一文。
12	上川口指揮同知一人。	上川口司	24	4	青海省民和縣川口鎮。
13	甘肅北川指揮使一人。	北川司	14	9	青海省互助縣五峰鎮陳家臺村。
14	馬軍堡土副千戶一人。	馬軍堡司	39		甘肅省永登縣河橋鎮馬軍村。
15	甘肅大營灣指揮使一人。	大營灣司	36		甘肅省永登縣中堡鎮大營灣村。
16	勝番溝指揮同知一人。	勝番溝司	23	2	青海省樂都縣壽樂鎮引勝溝
17	西大通硤口〔註3〕指揮同知一人。	西大通硤口司	37		甘肅省永登縣河橋鎮河橋村。
18	西五渠土百戶一人。	西五渠司			甘肅省永登縣城關鎮五渠村，疑即此處。
19	乩藏土百戶一人。	乩藏司	21		甘肅省積石山保安族東鄉族撒拉族自治縣乩藏鎮。
20	甘肅河州衛〔註4〕指揮同知一人。	河州衛司	疑爲2		甘肅省臨夏市。

〔註3〕原文作石，今改正。
〔註4〕此處補一衛字。

序號	《欽定大清會典事例》（嘉慶）卷四百四十	土司名	《清史稿》序號	《西寧府新志》序號〔註1〕	今　地　攷
21	起塔鎮指揮同知一人。	起塔鎮司	15	3	青海省西寧市城中區總寨鎮附近，《西寧府新志》曰乞塔城在西寧縣南三十里。
22	甘肅南川指揮僉事一人，雍正八年改爲指揮使。	南川司	16	7	《西寧府新志》曰納家莊在青海省西寧縣南十二里。
23	扎迭溝指揮僉事一人。	扎迭溝司	18	8	青海省湟中縣李家山鎮吉家村。
24	九家巷土百戶一人。	九家巷司	30	5	青海省民和縣松樹鄉（上百戶村）附近。
25	林口堡外委百戶一人，乾隆七年改爲土百戶。	林口堡司	8		甘肅岷縣閭井鎮林口堡。
26	甘肅三川王家堡外委百戶一人。	三川王家堡司	31	15	青海省民和縣中川鄉（辛家）附近。
27	設甘肅臨洮衛指揮使一人。	臨洮衛司	1		甘肅省渭源縣會川鎮境內。
28	甘肅卓泥外委土司一人，康熙四十五年改爲指揮僉事。	卓泥司	10		甘肅省卓尼縣。
29	甘肅米喇溝指揮僉事一人。	米喇溝司	29	11	青海省民和縣李二堡鎮米拉溝。
30	三川朱家堡外委土司一人，康熙四十一年改爲指揮僉事。	三川朱家堡司	28	14	青海省民和縣中川鎮朱家村。
31	甘肅古城渠千戶一人。	古城渠司	38		甘肅省永登縣紅城鎮古城村。
32	西六渠土副百戶一人。	西六渠司	41		具體位置待攷。
33	甘肅古城指揮同知一人。康熙十九年，改爲指揮使。	古城司	35		甘肅省天祝縣賽什斯鎮古城村。
34	甘肅著遜副千戶一人。	著遜司	12		甘肅省臨潭縣卓遜川，著遜隘口在洮城（今臨潭縣）西十五公里《中國土司制度》。
35	甘肅美都溝指揮僉事一人。	美都溝司	27	13	青海省民和縣前河鄉甘家川村附近。
36	甘肅武威番土千戶一人。	武威番司			甘肅省武威市。

序號	《欽定大清會典事例》（嘉慶）卷四百四十	土司名	《清史稿》序號	《西寧府新志》序號〔註1〕	今　地　攷
37	西山流水溝寺土千戶一人。	西山流水溝寺司			甘肅省永昌縣西境，具體位置待攷。
38	大通川土千戶一人。	大通川司	22		青海省大通縣廣慧寺，為廣慧寺僧綱。
39	甘肅古浪番土千戶一人。	古浪番司			甘肅省古浪縣。
40	平番番土千戶一人。	平番番司			甘肅省永登縣。
41	甘肅韓家集指揮使一人。	韓家集司	4		甘肅省臨夏縣韓集鎮。

《清史稿》載甘肅土司

《清史稿》卷五百十七載甘肅土司共四十五，其中一家革除，實四十四家。

《西寧府新志》序號	序號	姓　氏	土司名稱	住　所	今地攷及備註
		狄道州			
	1	脫鐵木兒，賜姓趙	臨洮衛指揮使	世居檜柏莊	甘肅省臨洮縣。
		河州			
	2	何貞南，賜姓何	河州衛土官指揮		甘肅省臨夏市。
	3	韓哈麻	乾隆十四年，河州發給土千戶委牌 總督福康安給土司外委札付		甘肅省臨夏市。
	4	韓完卜	指揮使	世居韓家集	甘肅省臨夏縣韓集鎮。
		岷州			
	5	馬紀	土官百戶	宕昌城	甘肅省宕昌縣。
	6	後成	土百戶	攢都溝	甘肅岷縣中寨鎮攢都溝。
	7	趙黨只管卜	土官百戶	麻竜里	甘肅省宕昌縣阿塢鄉別竜村附近。
	8	後祥古子	土百戶	閭井東	甘肅岷縣閭井鎮林口堡。
	9	綽思覺	副千戶		雍正初，與黃番煽亂，改土歸流。
		洮州			
	10	歩的，賜姓楊	指揮僉事	卓泥堡	甘肅省卓尼縣，兼攝禪定寺僧綱。
	11	昝南秀節	洮州衛軍民指揮使司	資卜族	甘肅省臨潭縣初布鄉附近。
	12	永魯札剌肖	土官百戶	著遜隘口	甘肅省臨潭縣卓遜川。
		西寧縣			
1	13	祁貢哥星吉	本衛指揮使	寄彥才溝	青海省平安縣三合鎮三合村，附近另有一村名祁新莊村。寄彥才溝爲蒙語風水寶地之意，見《王化家族，基於對西祁土司的歷史攷察》。

《西寧府新志》序號	序號	姓　氏	土司名稱	住　所	今地攷及備註
9	14	陳義	西寧衛指揮使	陳家臺	青海省互助縣五峰鎮陳家臺村。
3	15	李文	指揮同知	乞塔城	青海省西寧市城中區總寨鎮附近。
7	16	納沙密	指揮僉事	納家莊	青海省西寧縣南十二里納家莊。
6	17	南木哥，汪氏	指揮僉事	海子溝	青海省湟中縣海子溝鄉。
8	18	吉保	指揮僉事	乩迭溝	青海省湟中縣李家山鎮吉家村。
		循化廳			
	19	韓寶元	土千戶		青海省循化縣。
	20	韓沙班	世襲撒拉族土百戶		青海省同仁縣保安鎮。
	21	王國柱	土百戶		甘肅省積石山保安族東鄉族撒拉族自治縣乩藏鎮。
		大通縣			
	22	曹通溫布	大通川土千戶		青海省大通縣廣慧寺。
		碾伯縣			
2	23	尕〔註5〕爾只失結，祁氏	西寧衛世襲指揮同知	勝番溝	青海省樂都縣壽樂鎮引勝溝。
4	24	李南哥	西寧衛指揮同知	上川口	青海省民和縣川口鎮。
10	25	趙朵爾	指揮同知	趙家灣	青海省樂都縣壽樂鎮趙家灣村。
12	26	失剌，阿姓	總旗	老鴉白崖子	青海省樂都縣高廟鎮老鴉村，《清史稿》言阿氏世居老鴉白崖子，老鴉堡，老鴉村與白崖子相距僅三公里餘。
13	27	帖木錄，甘氏	指揮僉事	美都川	青海省民和縣前河鄉甘家川村附近。
14	28	乩鐵木，朱氏	指揮僉事	朱家堡	青海省民和縣中川鎮朱家村。
11	29	薛都爾丁，冶氏		米拉溝	青海省民和縣李二堡鎮米拉溝。
5	30	李化鰲	百戶	九家巷	青海省民和縣松樹鄉（上百戶）。

〔註5〕原文作朵，今改正。

《西寧府新志》序號	序號	姓　氏	土司名稱	住　所	今地攷及備註
15	31	朵力乩，辛氏	百戶	王家堡	青海省民和縣中川鄉（辛家）。
16	32	哈喇反，喇氏〔註6〕	指揮僉事	喇家莊	青海省民和縣官亭鎮喇家村。
		平番縣			
	33	鞏卜失加，魯氏	指揮使	駐紮莊浪，分守連城	甘肅省永登縣連城鎮。
	34	把只罕，魯氏	指揮僉事		甘肅省永登縣紅城鎮附近。
	35	魯鏽	土指揮使	古城	甘肅省天祝縣賽什斯鎮古城村。
	36	魯之鼎	土指揮副使	大營灣	甘肅省永登縣中堡鎮大營灣村。
	37	魯福	土指揮同知	西大通峽口	甘肅省永登縣河橋鎮河橋村，另甘肅省天祝縣賽什斯鎮有峽口村，位於大通河邊。
	38	魯國英	正千戶	古城	甘肅省永登縣紅城鎮古城村。
	39	魯三奇	副千戶	馬軍堡	甘肅省永登縣河橋鎮馬軍村。
	40	楊茂才	正百戶		甘肅永登縣城關鎮西坪村。
	41	何倫			甘肅永登縣境（西六渠）。
	42	楊國棟	指揮同知		甘肅省永登縣境，具體位置待攷。
	43	魯察伯	百戶		甘肅省永登縣境，具體位置待攷。
	44	海世臣	指揮僉事		甘肅省永登縣境，具體位置待攷。

〔註6〕《欽定大清會典事例》（嘉慶）卷四百四十未載。

《西寧府新志》載西寧府土司

《西寧府新志》卷二十四。

序號	姓 氏	土司名稱	住 所
1	祁貢哥星吉	指揮使	住西寧縣南九十里寄彥才溝。
2	尕〔註7〕爾只失結，祁氏	指揮同知	住碾伯縣北四里勝番溝。
3	李文	指揮同知	住西寧縣南三十里乞塔城。
4	李南哥	指揮同知	住碾伯縣東南一百二十里上川口。
5	李化鰲	百戶	今住碾伯縣東南一百里松樹莊。
6	南木哥，汪氏	指揮僉事	住西寧縣西四十里海子溝。
7	納沙密	指揮僉事	住西寧縣南十二里納家莊。
8	吉保	指揮僉事	住西寧縣西六十里吉家莊。
9	陳義	指揮使	住西寧縣北五十里陳家臺。
10	趙尕只木	指揮同知	今住碾伯縣北四十里趙家莊。
11	薛都爾	指揮僉事	今住碾伯縣東南一百二十里米喇溝。
12	失剌，阿姓	指揮同知	今住碾伯縣東五十里老鴉堡。
13	帖木錄，甘氏	指揮僉事	今住碾伯縣東南二百里甘家莊。
14	乩鐵木，朱氏	指揮僉事	今住碾伯縣東南二百八十里朱家堡。
15	朵力乩，辛氏	試百戶	今住碾伯縣東南二百八十里泉兒堡。
16	哈喇反，喇氏〔註8〕	指揮僉事	今住碾伯縣東南二百八十里喇家莊。

〔註7〕原文作朵，今改正。
〔註8〕《欽定大清會典事例》（嘉慶）卷四百四十未載。

青海四十族土司攷

　　今青海省於清時期並無省之名，面積亦較今青海省爲小，爲駐紮於西寧府之西寧辦事大臣所屬，而西寧府爲甘肅省之屬地，故西寧府等地之土司已列入甘省，清時期青海之土司《大清一統志》（嘉慶）未載。《皇朝續文獻通攷》全錄《衛藏通志》，而《欽定大清會典事例》（嘉慶）卷四百四十載青海諸土司僅爲土司之名，土司之方位處所難知。四十族土司爲雍正年間收撫西藏青海間廣大藏人牧區劃歸西寧辦事大臣者，時此廣大地區游牧之藏人劃爲七十九族，以四十族隸西寧辦事大臣，三十九族隸駐藏辦事大臣，清廷於此七十九族採羈縻之手段，雖分設土司而收取貢賦，保障應驛站之供應，然於其之事務不甚干預，以游牧族之習慣，分合頻繁，至道咸以降西寧辦事大臣所屬之四十族已稱二十五族矣。然關涉此四十族之資料闕如，民國初，川青互爭此地，英寇亦覬覦之欲強劃歸藏，此四十族之地與西藏幾有不爲我有之勢，故甘督張廣建特派邊關道忠武軍統領周務學爲查勘界務大員赴玉樹調查，周希武爲周務學之隨員，洮陽牛載坤專業測繪，亦與之偕行。周希武就調查所得著《玉樹調查記》一書刊行，爲自清初招撫四十族以來關涉此地地方志之首創也，於此地之情形稍悉也。及至中共建政，於民族地區多所調查，有《青海省藏族蒙古族社會歷史調查》一書刊行，於此地之情形多所記載，皆據而以攷此四十族土司之方位也。

《欽定大清會典事例》（嘉慶）載青海四十族土司

　　《欽定大清會典事例》（嘉慶）卷四百四十兵部官制各省土官世職。

序號	《欽定大清會典事例》（嘉慶）	《衛藏通志》序號	《西寧府新志》序號	《青海事宜節略》序號	《青海省藏族蒙古族社會歷史調查》	今地攷
1	雍正十三年設西寧巴彥南稱族千戶一人。	34	30	1	青海省囊謙縣虻扎鄉囊謙喀	青海省囊謙縣白札鄉昂欠卡村。
2	阿里克族百戶二人。	1	1	5		後遷徙至青海省祁連縣默勒鎮，剛察縣哈爾蓋鎮，伊克烏蘭鄉一帶。
3	格爾吉族百戶三人。	33	15	30 31 32	按格吉三族即今格吉麥馬，班馬，得馬族也《玉樹調查記》。約在清末民初時，格吉得瑪部落分爲兩部，母族叫格吉札賽百戶，子族叫格吉那倉百戶，交錯雜牧於札曲河北岸《中國藏族部落》頁七六。 格吉昂賽百戶：青海雜多縣昂賽鄉越寧 格吉巴馬百戶：青海省雜多縣結扎鄉佐強 格吉麥馬百戶：青海省雜多縣扎青鄉布當湧	同左，結扎鄉已經撤廢，併入薩呼騰鎮，尚有村名結札。
4	蒙果爾津族百戶一人。	2	3	6	蒙古爾津百戶駐奢雲水入咱曲河之交。按蒙古爾津前百戶死時，其子勿健諾布尙幼，其妹白力代理百戶事務，白力生子官磋，後遂襲職，稱白力登馬百戶，勿健諾布既長，乃招集其父故部，自爲一族，由是蒙古爾津分爲二，勿健諾布即以爲名爲部落之名，而蒙古爾津之名遂微，白力登馬族現駐牧咱曲河上源，屬番二百餘戶，附近通天河之色科溝，有屬田，藏春則往田，秋收則去。按蒙古爾津後來分出竹節族，近又分出白力登馬族。《玉樹調查記》 一八九〇年蒙古爾津百戶雍仲旺加死，其子勿健諾布（一譯烏吉鬧布）尙幼，由其妹白利署理百戶事務，後白利招年錯部落百	同左，珍秦鄉已更名珍秦鎮。

序號	《欽定大清會典事例》（嘉慶）	《衛藏通志》序號	《西寧府新志》序號	《青海事宜節略》序號	《青海省藏族蒙古族社會歷史調查》	今地攷
					戶加沙‧丹增之弟洛周旺加爲婿，洛周旺加入贅蒙古爾津百戶家後，與白利共掌蒙古爾津部落的百戶權力，生子公卻加，長大後承襲了蒙古爾津百戶職位，後稱百日多瑪，意爲上官莊，勿健諾布既長，召集舊部，自成一族，稱蒙古爾津麥瑪部落，以示正宗血親，建成麥瑪族，後又改稱百日麥瑪部落，意爲下官莊，自此以後，蒙古爾津部落分爲二，其名遂微《中國藏族部落》頁五一白日麥馬百戶：青海省稱多縣珍秦鄉尕拉勒那	
5	邕希葉布族百戶一人。	3	2	7	永夏百戶：青海省稱多縣清水河鄉當科	同左，清水河鄉已更名清水河鎮。
6	玉樹族百戶四人。	4	12	8	按玉樹後分爲四族，曰戎模，曰將賽，曰總舉，曰鴉拉，而戎模近又分出曰娃族，玉樹一作由受，一作一系。總舉百戶駐通天河北曲麻來雲地方，東南距結古十二日程，屬民一百餘戶《玉樹調查記》至一九一五年時，戎摸部落有五百餘戶，百戶名耐鼎，此後不久，戎摸百戶耐鼎之姪干卜旺加另立百戶，稱百戶日哇部落，勢力漸長，三十年代後，原戎摸部落融入百戶日哇部落，統稱百戶日哇百戶部落。《中國藏族部落》頁六七。宗舉部落分爲三部即宗舉多德，宗舉巴德和宗舉赤溝。《中國藏族部落》頁六九优秀日哇百戶：青海省治多縣立新鄉當江鄉寧慶优秀江賽百戶：青海省治多縣多採鄉結藏永格拉哇优秀宗舉多德百戶：青海省治多縣治渠鄉騰龍优秀雅拉百戶：青海省治多縣索加鄉當西恰	同左，當江鄉已撤廢，另設加吉博洛鎮，該鎮有地名當江白日阿朋，當江科。治渠鄉今名治曲鄉。

序號	《欽定大清會典事例》（嘉慶）	《衛藏通志》序號	《西寧府新志》序號	《青海事宜節略》序號	《青海省藏族蒙古族社會歷史調查》	今地攷
7	蘇魯克族百戶一人。	6	17	9	青海省雜多縣蘇魯鄉桑湧	同左。
8	尼牙木錯族百戶一人。	7	11	10	下年錯百戶：青海省稱多縣尕朵鄉卡繞扎繞	同左。
9	庫固察族百戶一人。	8	18	11	固察百戶：青海省稱多縣賽河鄉日日莊	同左，賽河鄉已撤廢，併入稱文鎮，該鎮有地名賽河村。
10	稱多族百戶一人。	9	31	12	稱多百戶：青海省稱多縣稱文鄉周均莊	同左，稱文鄉已更名稱文鎮。
11	札武族百戶二人。	20	21 22 24	21 22	札武，拉達，布慶謂之札武三族，同駐牧一地。按今札武三族，曰札武，曰拉達，曰布慶。班右據《西寧府志》當作班石為是，胡文忠《一統輿圖》作班詩，今又稱節綜，附屬札武。《玉樹調查記》 清朝收撫玉樹地區藏族部落時，札武部落分為札武，上札武（布慶），下札武（拉達），札武班石，前三族為百戶部落，後一族為獨立百長部落《中國藏族部落》頁三六 扎武百戶：青海省玉樹縣結古鄉新寨 布慶百戶：青海省玉樹縣巴塘鄉登尕色。 布慶百戶駐班慶寺東喀色莊《玉樹調查記》頁三五 布慶百戶駐班慶寺東登尕色莊（今玉樹縣巴塘鄉）《中國藏族部落》頁三五	同左，結古鄉已更名結古鎮。班慶寺位於青海省玉樹縣巴塘鄉西一公里巴塘邊欽地方的札西拉則山根。《甘青藏傳佛教寺院》頁三〇五
12	下札武族百戶一人。	22	23	23	拉達百戶：青海省玉樹縣巴塘鄉本慶寺	同左，本慶寺疑即班慶寺。
13	下阿拉克沙族百戶一人。	25	26	26	據《西寧府志》上阿拉克碩族之下有下阿拉克碩族，此係脫	同左，下拉秀鄉已更名

序號	《欽定大清會典事例》（嘉慶）	《衛藏通志》序號	《西寧府新志》序號	《青海事宜節略》序號	《青海省藏族蒙古族社會歷史調查》	今地攷
					漏，以四十族之數計之，亦缺一族，其爲脫漏無疑，二族今並爲一，曰拉休。《玉樹調查記》 拉秀百戶：青海省玉樹縣上拉秀鄉下拉秀鄉拉龍查果年	下拉秀鎮。
14	上隆壩族百戶一人。	26	28	27	按隆壩今稱中壩，上隆壩即今中壩麥馬族也，下隆壩即今中壩得馬族也，後麥馬族又分出班馬族。《玉樹調查記》 上中壩百戶：雜多縣結多鄉郭仁達	同左。
15	下隆壩族百戶一人。	27	27	29	下中壩百戶：青海省雜多縣結多鄉多朝那	同左。
16	蘇爾莽族百戶一人。	28	29	28	蘇莽百戶：青海省囊謙縣毛莊鄉囊結載寺	同左，囊結載寺位於青海省囊謙縣子曲河南岸毛莊鄉政府所在地《甘青藏傳佛教寺院》頁四〇三。
17	多倫尼托克安都族百戶一人。	11	4	13	安沖百戶：青海省玉樹縣安沖鄉安沖莊	同左。
18	多倫尼托克葉爾吉族百長一人。	15	8	17	野吉百長：青海省玉樹縣安沖鄉野吉村	同左。
19	多倫尼托克阿薩克族百長一人。	12	5	14	阿夏百長：青海省玉樹縣安沖鄉阿夏村	同左。
20	多倫尼托克列玉族百長一人。	13	6	15	連葉百長：青海省玉樹縣安沖鄉連葉村	同左。
21	多倫尼托克阿永族百長一人。	14	7	16	阿雍百長：青海省玉樹縣安沖鄉吉打	同左。
22	多倫尼托克拉爾吉族百長一人。	16	9	18	拉則百長：青海玉樹縣安沖鄉拉則村	同左。

序號	《欽定大清會典事例》（嘉慶）	《衛藏通志》序號	《西寧府新志》序號	《青海事宜節略》序號	《青海省藏族蒙古族社會歷史調查》	今地攷
23	多倫尼托克丹巴族百長一人。	17	10	19	按典巴百長屬民，近年分逃娘磋，固察，百長遂失職《玉樹調查記》頁二八。因此之故，至中共一九四九年調查之時，該部已不存，亦不著錄於《青海省藏族蒙古族社會歷史調查》，但以其部民逃往娘磋，固察二百戶，知該部落介居此二部落之間。	
24	附住巴彥南稱界內綽黗爾族百長一人。	37		4		巴彥囊謙族界內，待攷。
25	桑博爾族百長一人。	35		2		巴彥囊謙族界內，待攷。
26	隆東族百長一人。	36		3		巴彥囊謙族界內，待攷。
27	洞巴族百長三人。	10	16	33	東巴百戶：青海省囊謙縣東巴鄉當巴扎色高 哇熱百長：青海省囊謙縣東巴鄉札色高 巴瓊百長：青海省囊謙縣東巴鄉葉慶宮	同左，東巴鄉已更名東壩鄉。
28	上隆壩族百長一人。	19	20	20	隆布族，上隆布族（二族屬下番人三百零一戶，東至受地方蒙古爾津（按受字上下當有脫字），南至波羅克阿拉克碩。西至庫爾拉地方白利，北至北古甫地方稱多）。 按隆布二族，今合為迭達，本隆布所屬之百長，後殺隆布百戶而奪其職，遂以迭達名其族焉，今迭達所屬之三百長中有龍媒百長，豈故隆布百戶之後歟。《玉樹調查記》。迭達今通譯作隆布，戎布或隆保。《玉樹調查記》頁三五。後迭達百戶逃亡西藏，隆保百戶之後裔復為百戶，亦復名為隆保。《中國藏族部落》頁四四。由《西寧府新志》知此處《欽定大清會典事例》（嘉慶）所載之上隆壩族百長一人實為上隆布族。	同左。拉娘寺似為讓娘寺，位於青海省玉樹縣結古鎮北五十公里的仲達鄉境內《甘青藏傳佛教寺院》頁三一八。

序號	《欽定大清會典事例》（嘉慶）	《衛藏通志》序號	《西寧府新志》序號	《青海事宜節略》序號	《青海省藏族蒙古族社會歷史調查》	今地攷
					隆保百戶：青海省玉樹縣仲達鄉拉娘寺	
29	下隆壩族百長三人。	18	19		同上，知此處《欽定大清會典事例》（嘉慶）所載之下隆壩族實爲隆布族。 上隆保百長：青海省玉樹縣結隆鄉繞多 下隆保百長：青海省玉樹縣結古鄉果慶 拉札百長：青海省玉樹縣仲達鄉藏年 文宗百長：玉樹縣仲達鄉文宗	同左，結隆鄉今名隆寶鎮，結古鄉今名結古鎮。
30	阿拉克沙族百長四人。	24	25 26	25	上阿拉克碩族（屬下番人一百三十三戶，東至阿爾拉地方札烏，南至力地方（力字上下當有脫字）蘇爾莽，西至阿拉著地方格爾吉，北至噶布地方玉樹）。 據《西寧府志》上阿拉克碩族之下有下阿拉克碩族，此係脫漏，以四十族之數計之，亦缺一族，其爲脫漏無疑，二族今並爲一，曰拉休。《玉樹調查記》 拉秀百戶：青海省玉樹縣上拉秀鄉，下拉秀鄉拉龍查果年 拉秀多馬百長：青海省玉樹縣上拉秀鄉芍龍尕 拉秀巴馬百長：青海省玉樹縣下拉秀鄉札多牙秀 拉秀麥馬百長：青海省玉樹縣下拉秀鄉札多	同左，下拉秀鄉已更名下拉秀鎮。
31	附住玉樹族界內噶爾布族百長一人。	5	13	失載		待攷。
32	附住札武族界內班石族百長一人。	23	24	24	按今札武三族，曰札武，曰拉達，曰布慶，班右據《西寧府志》當作班石爲是，胡文忠《一統輿圖》作班詩，今又稱節綜，附屬札武。《玉樹調查記》 杰宗百長：青海省玉樹縣結隆鄉杰宗	同左，札武族界內。

序號	《欽定大清會典事例》（嘉慶）	《衛藏通志》序號	《西寧府新志》序號	《青海事宜節略》序號	《青海省藏族蒙古族社會歷史調查》	今地攷
33	白利族百長一人。	29	14	34	據《玉樹調查記》頁一零九白利族投藏，《青海事宜節略》載其住牧烏哈那達地方	同左。
34	喀爾受族百長一人。	30	32	35	哈爾受族（屬下番人三十戶，東至噶泌革泌隆布，南至阿族（二字疑衍）阿拉克族，西至阿喇力木界，北至力木親界）。 按哈爾受今稱哈秀，附屬札武。《玉樹調查記》 上哈秀百長，下哈秀百長：青海省玉樹縣哈秀鄉哈秀	同左，哈秀鄉已併入隆寶鎮，該鎮有地名哈秀。
35	吹冷多爾族百長一人。	38	36	36	又蘇爾莽東境有吹靈多多寺，原自爲一族，後附屬拉休。 吹冷朵拉族即今吹靈多多寺百長，附屬拉休。《玉樹調查記》 曲稜多百長：青海省玉樹縣下拉秀鄉多多寺	同左，下拉秀鄉今名下拉秀鎮。多多寺位於下拉秀鄉毛莊東十六公里處《甘青藏傳佛教寺院》頁三一五。
36	巴彥南稱界內拉布庫克地方百長一人。	40	38	38	拉布百戶：青海省稱多縣拉布鄉拉布寺	同左，拉布寺位於青海省稱多縣拉布鄉拉司通（亦名拉莎梅朵塘）學群溝口的嘉日僧格昂卻山山麓《甘青藏傳佛教寺院》頁三三三。
				37	覺拉百戶：囊謙縣覺拉鄉覺拉寺	同左，覺拉寺位於青海省囊謙縣覺拉鄉政府所在地《甘青藏傳佛教寺院》頁四〇一。
共三十六族，與《衛藏通志》所載之四十族差四族，所差者爲 21 上札武族，31 登坡格爾吉族，32 下格爾吉族，39 南稱界內喇嘛（覺巴拉）。						

《衛藏通志》《西藏志》載青海四十族土司

《衛藏通志》卷十五，《西藏志》頁一五六至頁一六三載西寧辦事大臣所屬四十族土司。

《衛藏通志》載青海四十族土司

三十九族，雍正九年新撫南稱，巴彥等處番民七十九族，查其地爲土番地，居四川西藏西寧之間，昔爲青海蒙古奴隸，自蘿蔔藏丹津變亂之後，漸次招撫。雍正九年西寧總理夷情散秩大臣達鼐奏請川陝派員，勘定界址，分隸管轄，十年夏西寧派出員外郎武世齊，筆帖式齊明，侍衛濟爾哈朗，游擊來守華，都司周秉元，四川派出雅州府知府張植，游擊李文秀，西藏派出主事納遜額爾赫圖，守備和尚，會同勘定，近西寧者歸西寧管轄。近西藏者暫隸西藏，其族內人戶千戶以上設千戶一員，百戶以上設百戶一員，不及百戶者設百長一員，俱由兵部頒給號紙，准其世襲，千百戶之下設散百長數名，由西寧夷情衙門發給委牌，每一百戶貢馬一匹，折銀八兩，每年每戶攤徵銀八分，歸西寧者交西寧道庫，隸西藏者交西藏糧務處，其西寧所管四十族之內，惟巴拉喇布一族，一司木魯烏蘇濟渡，一司會盟遞文之差，免其貢賦。雍正十二年頒給唐古忒字律例，係西寧夷情衙門從蒙古例內摘出繙譯者，原議一年會盟一次，三年後間年會盟一次。乾隆二年西寧總理夷情副都統保祝以四十族番民漸知禮法，奏改間二年差章京一員，守備一員，帶綠旗兵二十名，蒙古兵五十名前往會盟一次。

西寧管轄四十族住牧地界

阿哩克族，共十一族，屬下番人九百一十九戶，東至多爾宗察漢諾門罕，南至納克溪色特爾布木，西至厄林湯奈，北至阿爾坦達賴呼圖克圖。

蒙古爾津族，雍希葉布族，二族屬下番人五百一十一戶，東至敦春木格爾則，南至斜烏稱多，西至查庫哈札海甲木磧，北至殿通。

玉樹族，屬下番人五百零四戶，東至哈拉果爾地方牙木錯，南至波羅諾爾白利，西至多冊地方格爾齊，北至圖爾哈圖。

噶爾布族，蘇魯克族，二族屬下番人一百三十二戶，東至阿拉麻納，南至麥沖噶隆木，西至恰克班，北至雅木沖。

尼雅木錯族，屬下番人二百八十八戶，東至都格東納蒙古爾津，南至墨索剛郭地方谷咱，西至果哩噶巴白利喇（石+勇）。北至哈喇慕爾圖玉樹。

固察族，屬下番人一百七十五戶，東至克拉地方稱多，南至隴拉地方龍布，西至木魯烏蘇河，北至莫索克更固地方牙木錯。

稱多族，屬下番人三百七十四戶，東至毛瓦克地方蒙古津。南至準布隆這達克達烏，西至京崖地方隆布，北至莫索克雅木錯。

洞巴族，屬下番人八十戶，東至尼牙克地方沖科爾，南至喇木勺地方楚林，西至多梯地方阿拉克碩達烏，北至拉几木道達烏。

多倫尼托克安圖族，阿薩克族，克列玉族，克阿永族，克葉爾濟族，克拉爾濟族，克典巴族，七族屬下番人共四百零八戶，東至木魯烏蘇河沿，南至達野地方達烏，西至賽玉綠渡爾玉樹，北至舒克提的尼牙木錯。

隆布族，上隆布族，二族屬下番人三百零一戶，東至受地方蒙古爾津，南至波羅克阿拉克碩。西至庫爾拉地方白利，北至北古甫地方稱多。

札武族，上札武族，下札武族，札武班石〔註1〕族，四族屬下番人共六百二十一戶，東至卓木楚地方多巴，南至熊拉地方阿拉克碩，西至白的地方龍布，北至洮臕地方德爾吉。

上阿拉克碩族，屬下番人一百三十三戶，東至阿爾拉地方札烏，南至力地方蘇爾莽，西至阿拉著地方格爾吉，北至噶布地方玉樹。

上隆壩族，下隆壩族，二族屬下番人三百零三戶，東至噶受地方南稱族，南至郭稱噶地方賽爾色，西至巴烏蘇木多地方剛魯，北至薩木格爾吉族。

蘇爾莽族，屬下番人三百五十戶，東至拉尼喇克涸巴，南至玉爾納噶爾米格魯，西至岳爾尼地方南稱，北至楞達地方阿拉克勺。

白利族，屬下番人五十五戶，東至布木地方尼牙木錯，南至木魯烏蘇河。西至哈拉果爾源玉樹，北至力拉彥納哈。

哈爾受族，屬下番人三十戶，東至噶泌革泌隆布，南至阿族阿拉克族，西至阿喇力木界，北至力木親界。

登坡格爾吉族，下格爾吉族，格爾吉族，三族屬下番人共八百十三戶，東至克多地方阿拉克族，南至薩白地方隆布，西至阿喇坦寧地方玉樹，北至拉克布拉地方南稱。

巴彥南稱族，南稱桑巴爾族，南稱隆多族，南稱卓達爾族，四族屬下番人二千零二十戶，東至岳爾尼蘇爾莽界，南至客木達察木多界，西至達尼爾蘇魯隆瑲巴，北至甫卡山梁阿拉克碩。

吹冷朵拉族，屬下番人三十戶，東至拉木力界，南至爾星地方，西至多楚地方，北至多格木多地界。

巴彥南稱界內住牧喇嘛，屬下番人五十戶。

拉布庫克住牧喇嘛，屬下番人二十四戶。

以上四十族，共八千四百四十三戶，計男婦三萬二千三百九十名口，除巴彥南稱，拉布庫克二喇嘛所屬番人七十四戶，各應差不輸貢馬外，止納賦番民八千三百六十九戶，共徵銀六百六十九兩五錢二分。乾隆三年地震傷亡案內，經總理西寧夷情衙門副都統巴靈阿派員外郎高備，守備班第勘實傷亡無存六十五戶。奏准永行免賦外，止實在番民八千三百四戶，共徵銀六百六十四兩三錢二分。《衛藏通志》卷十五，頁五

《衛藏通志》《西藏志》載青海四十族土司對照表

序號	《衛藏通志》	《西藏志》
1	阿哩克族	阿里克
2	蒙古爾津族	蒙古爾津〔註2〕
3	雍熙葉布族	雍熙葉布
4	玉樹族	玉樹
5	噶爾布族	噶爾布
6	蘇魯克族	蘇魯克
7	尼雅木錯族	尼牙木錯
8	固察族	固察
9	稱多族	稱多
10	洞巴族	洞巴
11	多倫尼托克安圖族	多倫尼托克安兔
12	阿薩克族	多倫尼托克阿薩克
13	克列玉族	多倫尼托克列玉〔註3〕
14	克阿永族	多倫尼托克阿永
15	克葉爾濟族	多倫尼托克葉爾吉

〔註 2〕原文作律，今改正。
〔註 3〕原文作玉，今改正。

序號	《衛藏通志》	《西藏志》
16	克拉爾濟族	多倫尼托克拉爾吉
17	克典巴族	多倫尼托克典巴〔註4〕
18	隆布族	隆布
19	上隆布族	上隆布
20	札武族	札武
21	上札武族	中札武
22	下札武族	下札武
23	札武班石〔註5〕族	班石
24	上阿拉克碩族	上阿拉克碩
25	下阿拉克碩族〔註6〕	下阿拉克碩
26	上隆壩族	上隆壩
27	下隆壩族	下隆壩
28	蘇爾莽族	蘇爾莽
29	白利族	白利
30	哈爾受族	哈爾受
31	登坡格爾吉族	中格爾吉
32	下格爾吉族	下格爾吉
33	格爾吉族	格爾吉
34	巴彥南稱族	巴彥稱南
35	南稱桑巴爾族	桑色爾
36	南稱隆多族	隆東
37	南稱卓達爾族	綽火爾
38	吹冷朵拉	吹冷多爾多
39	巴彥南稱界內住牧喇嘛	覺巴拉
40	拉布庫克住牧喇嘛	喇布

〔註4〕原文作巳，今改正。

〔註5〕原文作右，據《西藏志》改。

〔註6〕《衛藏通志》遺漏此一族，據《西藏志》補。

《西寧府新志》載青海四十族土司

卷十九　塞外貢馬番族

序號	族　名
	玉樹納克書等處番人三十八族，共八千三百四戶。
1	住牧東提地方阿里克族，郡城南七百餘里。百戶二名，百長九名。番人九百一十九戶。
2	住牧札苦地方雍熙葉布族，距阿里克四百餘里。百戶一名，百長二名，番人一百二十二戶。
3	住牧蒙古爾津地方蒙古爾津族，距雍熙葉布族五百餘里。百戶一名，百長四名。番人三百八十戶。
4	住牧楚貢地方多洛尼托克南兔族，百戶一名，百長一名。番人一百二十二戶。
5	住牧多洛尼托克地方阿薩克族，百長一名，番人三十九戶。
6	住牧多洛尼托克地方列玉族，百長一名。番人四十六戶。
7	住牧多洛尼（托）克地方阿永族，百長一名。番人七十八戶。
8	住牧多洛尼（托）克地方葉爾吉族，百長一名。番人四十四戶。
9	住牧多洛尼（托）克地方拉爾吉族，百長一名。番人三十三戶。
10	住牧多洛尼（托）克地方典巴族，百長一名。番人三十戶。 以上七族，距蒙古爾津族三百餘里。
11	住牧蒲肚克地方尼牙木錯族，距多洛尼托克七族三百餘里。百戶一名。百長四名。番人二百八十七戶。
12	住牧苦苦烏素地方玉樹族，距尼牙木錯族三百餘里。百戶一名，百長十一名。番人五百四戶。
13	住牧途胡爾托羅海地方噶爾布族，即在玉樹族界內。百長一名。番人二十一戶。
14	住牧烏哈那哈地方白利族，距玉樹族四百餘里。百長一名。番人五十五戶。
15	住牧登破地方格爾吉三族，距白利族四百餘里。百戶三名，百長六名。番人八百三十戶。
16	住牧角木丹莫多地方洞巴族，距格爾吉族三百餘里。百戶一名，百長二名。番人八十戶。
17	住牧三木沖地方蘇魯克族，距洞巴族一百餘里。百戶一名，百長一名。番人一百三戶。
18	住牧魯爾札地方固察族，距蒙古爾津族二百餘里。百戶一名，百長一名。番人一百六十二戶。
19	住牧阿拉尼克地方隆布族，距固察族一百六十餘里。百長三名。番人二百一十三戶。
20	住牧上隆布族，距阿拉尼克隆布族三百餘里。百長一名。番人七十六戶

序號	族　名
21	住牧倫多布領地方札武族，百戶一名，百長三名。番人三百四戶。
22	住牧札爾通地方札武族，百戶一名，百長二名。番人一百五十二戶。
23	住牧下札武族，百戶一名，百長二名。番人一百四十七戶。 以上三族，俱距上隆布族一百餘里。
24	住牧札武班石族，即在札武族界內。百長一名。番人一十三戶。
25	住牧達爾熊地方上阿拉克碩族，百長三名。番人一百三十三戶。
26	住牧接聚地方下阿拉克碩族，百戶一名，百長三名。番人三百五戶。 以上二族，俱距札武族一百餘里。
27	住牧吉獨弍地方下隆壩族，距札武族二百餘里。百戶一名，百長一名。番人一百四十九戶。
28	住牧吉戎地方上隆壩族，距下隆壩族一百餘里。百戶一名，百長二名。番人一百五十四戶。
29	住牧蘇爾莽〔註7〕地方蘇爾莽〔註8〕族，距阿拉克碩族一百餘里。百戶一名，百長三名。番人三百五十戶。
30	住牧奇可地方巴彥南稱七族〔註9〕，距蘇爾莽〔註10〕五百餘里。千戶一名，百長二十名。番人二千五十戶。
31	住牧匣烏地方稱多族，百戶一名，百長四名。番人三百七十三戶。
32	住牧束勒孫何地方哈爾受族，百長一名。番人三十戶。
	暫隸西藏管轄納克書貢巴族等三十九族，共四千八百八十九戶。原議俟駐藏大臣撤回之時，所有該族貢馬銀兩，令赴西寧交納。

〔註7〕原文作奔，今改正。
〔註8〕原文作奔，今改正。
〔註9〕據《西藏志》《衛藏通志》此七族為巴彥南稱，桑色爾，隆東，綽火爾，吹冷多爾多，覺巴拉，喇布。
〔註10〕原文作奔，今改正。

《青海事宜節略》載青海四十族土司

《青海事宜節略》頁九十四

序號	族　　名
	玉樹等族各番
1	一、住牧奇可地方巴彥囊謙族，千戶一員。
2	一、附住巴彥囊謙族界內桑色爾族，百長一員。
3	一、巴彥囊謙族界內隆東族，百長一員。
4	一、附住巴彥囊謙族界內綽火爾族，百長一員，共外委百長十五名，管轄番人二千二十戶。每年額徵銀一百六十一兩六錢。
5	一、住牧東提地方阿里克族，百戶二員，外委百長九員，管轄番人九百一十九名。每年額徵銀七十三兩五錢二分。（原注：查阿里克族原住東提地方，近年因躲避果羅〔洛〕克偷搶，挪住貝子車爾特恩多爾濟游牧界內依克烏蘭、巴哈烏蘭、哈爾蓋一帶地方及貝子拉特納錫第游牧界內才吉、哈達兔、均沙爾哈地方，公格勒克拉布吉游牧界內布哈河沿，哈爾蓋等處地方住牧。）
6	一、住牧蒙古爾津地方蒙古爾津族，百戶一員，外委百長四員，管轄番人三百八十戶，每年額徵銀三十兩四錢。
7	一、住牧札苦地方雍希葉布族，百戶一員，外委百長二員，管轄番仁一百二十二戶，每年徵銀九兩七錢六分。
8	一、住牧苦苦烏蘇地方玉樹族，百戶四員，外委百長八員，管轄番人五百六戶，每年額徵銀四十兩四錢八分。
9	一、住牧薩木春地方蘇魯克族，百戶一員，外委百長一員，管轄番人一百三戶，每年額徵銀銀八兩二錢四分。
10	一、住牧普都克地方尼牙木錯族，百戶一員，外委百長四名，管轄番人二百八十四戶。每年額徵銀二十二兩七錢二分。
11	一、住牧魯爾札地方固察族，百戶一員，外委百長二名，然管轄番人一百四十八戶。每年額徵銀一十一兩八錢四分。
12	一、住牧霞烏地方稱多族，百戶一員，外委百長四名，管轄番人三百七十三。每年額徵銀二十九兩八錢四分。
13	一、住牧楚貢地方多倫尼托克安圖族，百戶一員，外委百長一名，管轄番人九十一戶。每年額徵銀七兩二錢八分。
14	一、住牧楚貢地方多倫尼托克阿薩克族，百長一員，管轄番人三十四戶，每年額徵銀二兩七錢二分。
15	一、住牧楚貢地方多倫尼托克列玉族，百長一員，管轄番人二十九戶。每年額徵銀二兩三錢二分。
16	一、住牧楚貢地方多倫尼托克阿永族，百長一員，管轄番人四十八戶。每年額徵銀三兩八錢四分。

序號	族　名
17	一、住牧楚貢地方多倫尼托克葉爾吉族，百長一員，管轄番人三十戶，每年額徵銀二兩四錢。
18	一、住牧楚貢地方多倫尼托克拉爾吉族，百長一員，管轄番人二十三戶，每年額徵銀一兩八錢四分。
19	一、住牧楚貢地方多倫尼托克典巴族，百長一員，管轄番人二十四戶。每年額徵銀一兩九錢二分。
20	一、住牧阿拉尼克地方隆布族，百戶一員，外委百長四名，管轄番人二百八十九戶。每年額徵銀二十三兩一錢二分。
21	一、住牧倫多布領地方札武族百戶一員，外委百長五名，管轄番人三百四戶。每年額徵銀二十四兩三錢二分。
22	一、住牧巴爾通地方札武族，百戶一員，外委百長二名，管轄番人一百五十二戶。每年額徵銀一十二兩一錢六分。
23	一、住牧巴爾通地方下札武族，百戶一員，外委百長二名，管轄番人一百四十七戶。每年額徵銀一十一兩七錢六分。
24	一、附住札武族界內班石族，百長一員，管轄番人一十三戶。每年額徵銀一兩四分。
25	一、住牧達布素地方上阿拉克碩族，百長四員，管轄番人一百三十三戶。每年額徵銀一十兩六錢四分。
26	一、住牧吉聚地方下阿拉克碩族，百戶一員，外委百長五名，管轄番人三百五戶。每年額徵銀二十四兩四錢。
27	一、住牧吉潤地方上隆巴族，百戶一員，外委百長二員，管轄番人一百五十四戶。每年額徵銀一十二兩三錢二分。
28	一、住牧蘇爾莽地方蘇爾莽族，百戶一員，外委百長三名，管轄番久三百五十戶。每年額徵銀二十八兩。
29	一、住牧吉都忒地方下隆壩族，百戶一員，外委百長二名，管轄番人一百四十九戶。每年額徵銀一十一兩九錢二分。
30	一、住牧登樸地方格爾吉族，百戶一員，外委百長三名，管轄番人三百九十二戶。每年額徵銀三十一兩三餞四分。
31	一、住牧登樸地方格爾吉族，百戶一員，外委百長二名，管轄番人一百九十七戶。每年額徵銀一十五兩七錢六分。
32	一、住牧登樸地方格爾吉族，百戶一員，外委百長二名，管轄番人二百四戶。每年額徵銀一十六兩三錢二分。
33	一、住牧覺木齊莫地方洞巴族，百長三員，管轄番人八十戶。每年額徵銀六兩四錢。
34	一、住牧烏哈那達地方白利族，百長一員，管轄番人五十五戶。每年額徵銀四兩四錢。
35	一、住牧東勒孫河地方哈爾受族，百長一員，管轄番人三十戶。每年額徵銀二兩四錢。
36	一、住牧吹冷多爾多地方吹冷多爾多族，百長一員，管轄番人三十戶。每年額徵銀二兩四錢。
37	一、附住巴彥裏謙族界內覺巴拉族，百長一員，外委百長一名，管轄番人五十戶。

序號	族　　名
38	一、住牧拉布苦克地方拉布族，百長一員，外委百長一名，管轄番人二十四戶。（原注：查覺巴拉，（拉布）二族番人七十四戶，充當送文濟渡之差，免徵貢馬銀攝兩。）
39	以上歸隸本衙門管轄番人三十九族內，共千戶一員、百戶二十四員、百長二十二員，俱係咨請題襲，部頒號紙，外委百長八十四名，均係本衙門發給委牌。共管番人八千一百一十八戶，每戶每年額徵銀八分，共應徵銀六百四十九兩四錢四分。 每三年奏派章京一員，會同綠營守備一員，帶綠營馬戰兵二十名，青海蒙古兵五十名，以資捍衛。在於酬賞銀內撥給一百四十兩，置辦茶，布，銀牌等物備帶，赴尼牙木錯所管康格松多地方，設宴會盟，查辦事件，一次往回約計三個月有餘。西寧縣約供官兵、章京、蒙古兵丁鹽糧鍋帳馱馬鞍屜羊茶等項銀九百四十餘兩。 玉樹千百戶額置 初定玉樹等族番千百戶等職 雍正十年奏定玉樹等番族所管千人以上之部落設千戶一名，百人以上之部落設百戶一名。再千戶之下酌放百長五六人，百戶之下酌放百長三四人。其不及百戶之部落設百長一名，每十戶設一什長。各頭目給以號紙，以資管束，按百戶每年貢馬一匹，折徵銀八兩。不足百戶者按戶遞算，每戶徵銀八分。

《玉樹調查記》載青海四十族土司

部　落

　　玉樹凡二十五族，曰囊謙族，曰拉休族，曰蘇爾莽族，曰蘇魯克族，曰格吉上中下三族，曰中壩上中下三族，曰迷達族，曰稱多族，曰固察族，曰安沖族，曰娘磋族，曰玉樹四族，曰札武三族，曰永夏族，曰蒙古爾津族，曰竹節族。

　　囊謙爲玉樹二十五族中之一大族，有分土，有分民，領袖各族而無管理各族之實權，其地跨據雜曲，鄂穆曲兩河，東與蘇爾莽爲界，南與昌都，類烏齊及巴屑，多舒，瓊布噶魯，色爾札等族（自多舒以下諸族即納書克等三十九族之數也）爲界，與蘇魯克，中壩，格吉爲界，與拉休爲界。有千戶一員，駐色魯馬莊（莊民四十餘戶），別有干布管理。千戶下有散百戶四員，百長二十六員，爲千戶分理土地，屬民共二千餘戶，耕牧相雜。

　　群博百戶，駐色魯馬西南八九十里之折牙馬地方，管番民一百餘戶，廬居耕田。

　　洞巴百戶，駐色魯馬西一百五六十里之岸陌計地方，管番民五十餘戶，帳居畜牧（按洞巴舊志自爲一族，何時歸併囊謙無攷，諸稱舊志，皆指《衛藏通志》）。

　　阿夏百戶，駐色魯馬西八九十里之打巴拉地方，管番民九十餘戶，帳居畜牧，間有耕田者。

　　加茶百戶，駐色魯馬西四十餘里之宗唐地方，管番民百餘戶，半耕半牧。

　　以上四百戶，均在千戶所駐色魯馬莊輪流辦事，當值百戶則有代理千戶事務之全權，每日由千戶給當值者生羊肉早晚各一方，其酥油，炒麵皆自備，而現在群博，加茶二百戶則最爲千戶所倚信。

　　多鳥（一作東翁）百長，駐色魯馬東五十六里之謙木多地方，管番民三十餘戶，廬居耕田。

　　遜打迫百長（亦稱百戶）駐色魯馬東北九十餘里之強木曲地方，管番民一百二十餘戶，廬居耕田。（按遜打迫亦作買蓋，拼音也）。

　　茶瓦百長，駐色魯馬東北八十餘里之雄郎地方，管番民四十餘戶，廬居耕田。

群品百長，駐色魯馬東北四十餘里之打木容地方，管番民四十餘戶，帳居畜牧。

蔥沙百長，駐色魯馬北五六十里之打木科地方，管番民三十餘戶，廬居耕田。

中冷百長，駐色魯馬北七八十里之阪雲地方，管番民十餘戶，帳居畜牧。

中沙百長，駐色魯馬西北八九十里之阪雲地方，管番民三十餘戶，帳居畜牧。（按前清光緒十六七年間，囊謙因川邊德格之擾，上控西寧，蘭州，中沙百長來往遞呈有功，千戶許爲請充百戶未果。然至今人均以百戶稱之云。）

達沙百長（亦稱百戶）駐色魯馬西北七八十里之阪雲地方，管番民七八戶，帳居畜牧。

尕吾百長，駐色魯馬西北百里之阪雲地方，管番民十餘戶，帳居畜牧。

中壩巴群百長，東桑百長，曲才百長，同駐牧色魯馬西一百五六十里之岸阪計地方，與洞巴百戶雜居，共管番民二十餘戶，帳居畜牧。（按清初收撫時，止有巴群，東桑二百長，距今六七十年前，東桑百長之弟名曲才者，分立爲百長，即以其名名部落。又三百長均稱中壩云。）

加冷中壩百長（現升爲百戶），駐色魯馬西南約百餘里之志拉博多哈地方，管番民六十餘戶，帳居畜牧。

協亥百長，駐色魯馬南六七十里之巴隆地方，管番民三十餘戶，帳居畜牧。

節存百長，駐色魯馬東偏南六七十里之那寧地方，管番民十餘戶，帳居畜牧。

蓋多百長，駐色魯馬東南七八十里之多那地方，管番民二十餘戶，廬居耕田。

阿卓百長，駐色魯馬東偏南七八十里之加拉哈地方，管番民十餘戶，帳居畜牧。

阿代百長，駐色魯馬東偏南之雜哈地方，管番民十餘戶，帳居畜牧。

梅烏百長，駐當木喀，距色魯馬三十餘里，管番民十餘戶，帳居畜牧。

旦那百長，駐色魯馬東南九十里之保無容地方，管番民十餘戶，帳居畜牧。

多岡馬同百長，駐色魯馬東南百餘里之東岡容地方，管番民十餘戶，廬居耕田，間有畜牧者。

色藥百長，駐雜曲河北岸聶容地方，距色魯馬百餘里，管番民十餘戶，帳居畜牧。

蘇諾百長，駐雜曲河北岸聶雲地方，距色魯馬約百里，管番民二十餘戶，帳居畜牧。

安登百長，駐雜曲河東岸顧強雲地方，距色魯馬一百二十餘里，管番民百餘戶，廬居耕田。

按此外尚有拉雪，安可二百長，未詳所在。又按上列戶數，皆得自訪聞，多隱匿不實，度止有實數三分之一耳。以下各族均仿此。

札武，拉達，布慶謂之札武三族，同駐牧一地，在通天河南，東以朝牛拉山與川邊鄧科縣為界，南與川邊同普縣為界，西與蘇爾莽，拉休，迭達為界，北以通天河與迭達及加迭喀桑（咱曲河流域諸族謂之加迭喀桑，詳見下）為界，札武百戶駐結古（一作蓋古多），所屬百長六員（曰哈至，駐結古東，曰迭馬，駐巴塘，曰藍達，曰哈拉休，曰節綜，曰哈秀，其駐處均見下），管番民三百餘戶。拉達百戶駐班慶寺附近，所屬百長一員，番民一百餘戶，布慶百戶駐班慶寺東登喀色莊，所屬百長七員（現止有五），番民一百餘戶，札武有華離之地二處，一在通天河邊，稱多，拉布，迭達之交，藍達，哈拉休二百長所駐也，一在義曲河西，迭達，玉樹，安沖之交，節綜，哈秀二百長所駐也（哈秀前百長喇嘛也，死無嗣，現札武百戶令老陽，尖錯二人代理哈秀事務），三族之民，廬居耕田者多，帳居畜牧者少。為商賈走集之地，二十五族之都會也（市民有二百餘家）。

拉休族駐牧地橫跨子曲河南北。東與札武，蘇爾莽為界，南與囊謙以夏拉山為界，西與格吉麥馬族為界，北與迭達，玉樹為界。所屬百長十二名，番民五百餘戶，十九皆帳居畜牧。百戶駐隴喜寺。又蘇爾莽東境有吹靈多多寺，原自為一族，後附屬拉休。又按拉休百長十二員，除麥馬，得馬二百長均係世職外，餘皆幹布（百戶臨時所置，以理民事者）代行其職。

迭達駐牧地跨通天河，其大部在河西，東與稱多，札武屬地及拉布寺，竹節族為界，南與札武，拉休為界，西北與札武屬地及玉樹連界。所屬百長三名，曰拉達，曰龍媒，曰狨德，番民六百餘戶，廬居耕田與帳居畜牧者相半。百戶駐通天河東北岸，亦名迭達莊。

固察駐牧地在通天河東北岸，東與加迭喀桑及稱多為界，北與娘磋為界，西南以通天河與安沖為界。百戶駐沁喀莊，無百長。所管番民一百餘戶，廬居耕田。

　　稱多駐牧地在通天河東岸，東北與加迭喀桑為界，西北與固察為界，南與拉布寺，迭達及札武屬地為界，百長一員，曰喀俄，屬民三百餘戶，廬居耕田。百戶駐周均莊。

　　安沖駐牧地在通天河西南岸，東北以通天河與固察為界，北與玉樹，娘磋連界，西南與札武屬地為界，百長七員（曰安沖，曰阿薩，曰阿永，曰葉吉，曰拉吉，曰列玉，曰典巴），屬民五百餘戶，廬居耕田，百戶駐安沖莊。（按典巴百長屬民近年分逃娘磋，固察，百長遂失職）。

　　蒙古爾津族，永夏族，竹節族，同牧咱曲河流域，統稱加迭喀桑（譯言三族人民合住之意），又謂之咱曲喀娃（譯言咱曲河地方之人也）。東與川邊石渠縣為界，南與札武為界，西與迭達，拉布寺，稱多，圖察為界，西北與娘磋為界，東北與果洛番為界。地處奢拉山（即巴顏哈拉山）南麓，風氣高寒，民皆帳居畜牧，自竹節寺迤南，踰加浪山，循歇武溝至通天河濱，稍有廬居耕田之民。蒙古爾津百戶駐奢雲水入咱曲河之交。無百長，屬民一百餘戶，永夏百戶駐東群河上流，所屬百長一員（曰喀耐，駐喀耐寺），番民五百餘戶。竹節百戶駐竹節寺，兼為喇嘛，其族自蒙古爾津分出（年月無攷），所屬百長三名（休瑪百長駐奢雲，此次以轉運功，升為百戶，歇武百長駐歇武寺。

　　阿乜六瓦百長駐義赫曲（即柴隴水之上流）熱雲（即麻木雲水之上流）一帶地方地方）共五百餘戶（各族牧地交錯，歲時遷徙無定，今亦不能詳著其分界云）。

　　按蒙古爾津前百戶死時，其子勿健諾布尚幼，其妹白力代理百戶事務，白力生子官磋，後遂襲職，稱白力登馬百戶，勿健諾布既長，乃招集其父故部，自為一族，由是蒙古爾津分為二，勿健諾布即以己 [註11] 名為部落之名，而蒙古爾津之名遂微，然則上所謂蒙古爾津者何也，謂勿健諾布也，其不予白力登馬者何也，重血統也，白力登馬族現駐牧咱曲河上源，屬番二百餘戶，附近通天河之色科溝，有屬田，歲春則往田，秋收則去。

　　阿乜六瓦族原係各族亡命之徒群聚肆掠，經各百戶追捕窮急，遂逃聚熱

〔註11〕原文作為，今改為己。

雲義赫曲之間，插帳而居，自爲一部，搶掠少衰，受竹節百戶節制，然猶爲各族盜賊之逋逃藪雲（按阿乜六瓦前百長桃南求達沒時，其子貢哈汪吉尙幼，暫令其弟官磋代理百長事務）。

蘇爾莽駐牧地在子曲河下流，東與札武爲界，南與昌都爲界，西與囊謙爲界，北與拉休爲界，百戶駐囊結載寺，所屬百長二名（曰至拉，曰汪韋），番民四百餘戶，田多牧少。

蘇魯克駐牧地在鄂穆曲河南，東以桑木曲水與囊謙爲界，西以雅木曲水與中壩麥馬族爲界，南以大山（即當拉嶺山脈）與藏邊之瓊布色爾札族爲界，北以鄂穆曲河與囊謙爲界，所屬百長二名（曰嶺巴，曰賽瑣），番民四十餘戶。

格吉麥馬，格吉班馬，格吉得馬三族同駐牧雜曲及子曲河上流，東與拉休，囊謙爲界，南與中壩麥馬爲界，西北與玉樹爲界，麥馬百戶駐子曲河上流，所屬百長一名，番民四百餘戶，得馬族近分爲二，母族曰咱梭，百戶子族曰那錯，百戶均駐雜曲河北岸，無百長，屬民共一百餘戶，班馬百戶駐讓雲地方，無百長，屬民一百餘戶，皆帳居畜牧（三族牧地交錯，亦難分析云）。

中壩麥馬，中壩班馬，中壩得馬三族同牧牧鄂穆曲及阿雲當木雲之上源，東與囊謙，蘇魯克爲界，南以當拉嶺與藏邊之瓊布色爾札，納魯養他馬，納魯木他馬，夥爾吉卡，夥爾梭得馬各族爲界，西境皆無人之地，北與玉樹格吉爲界，麥馬百戶駐鄂穆曲河南，所屬百長一名，番民四百餘戶，班馬百戶駐鄂穆曲河北，所屬百長一名，番民一百餘戶，得馬百戶駐當木雲之上源，所屬百長一名，番民（未詳）皆帳居畜牧（中壩原有百長三員，今其一失散）。

頃中壩班馬百戶死無嗣，暫由囊謙千戶委群博百戶代理班馬事務。

戎摸，將賽，總舉，鴉拉謂之玉樹四族，同牧通天河上游，東與娘磋，安沖，札武屬地，迭達，拉休錯壤，南與格吉，中壩昆連，西北皆無人之地。地面最爲遼闊，唯多荒寒不毛之區。其民皆以游牧射獵爲業，遷徙往來無常處。戎摸百戶現駐業卡曲入通天河之交，東南距結古五六日程，屬民五百餘戶。近年戎摸百戶耐鼎之姪於卜汪加分立爲日瓦百戶，將賽百戶駐通天河南登俄隴水之上游，西北距戎摸二日程，屬民百餘戶，總舉百戶駐通天河北曲麻來雲地方，東南距結古十二日程，屬民一百餘戶，鴉拉百戶駐通天河南當木雲地方，屬民八九十家，玉樹現有百長五員，曰夏西，曰插哈，曰巴拉，曰布湫，曰邦九，各私其土，子其民，不受百戶節制（總舉之民有白馬斗金者，現駐池桃日瓦之地（在當木雲西）爲人頗強悍，玉樹各族之事多由其主持焉）。

娘磋駐牧地橫跨巴顏哈拉山，北瀕星宿海及札陵，鄂陵二海，與柴達木相接，南至通天河與固察爲界，東與加迭喀桑及果洛番爲界，西南與玉樹爲界，南境協曲河流域有盧居耕田之民，迤北風氣高寒，民皆帳居畜牧，百戶無常治，百長一名，屬民三百餘戶。

序號	族名	土職	住 牧 地 界	所屬頭目	屬民
1	囊謙	千戶	橫跨雜曲，鄂穆曲二河，東界蘇爾莽，南界昌都，類烏齊及巴屑，多舒，瓊布噶魯，色札爾等族，西界蘇魯克，中壩，格吉，北界拉休	百戶四名 百長二十六名	兩千餘戶
2	札武	百戶	同駐牧通天河南，東界川邊鄧科，南界川邊同普，西界蘇爾莽，拉休，迭達，北界迭達，竹節	百長六名	三百餘戶
3	拉達	百戶		百長一名	一百餘戶
4	布慶	百戶		百長五名	一百餘戶
5	拉休	百戶	橫跨子曲河南北，東界札武，蘇爾莽，南界囊謙，西界格吉，北界玉樹，迭達	百長十二名	五百餘戶
6	迭達	百戶	跨據通天河，其大部在河西，東界稱多，拉布，竹節，南界札武，拉休，西北與札武屬地及玉樹連界	百長三名	六百餘戶
7	固察	百戶	在通天河北岸，東界竹節，稱多，北界娘磋，西南界安沖	無	一百餘戶
8	稱多	百戶	在通天河東岸，東北界竹節，西北界固察，南界拉布，布達	百長一名	三百餘戶
9	安沖	百戶	在通天河西南岸，東北界固察，北界玉樹，娘磋，西南界札武屬地	百長七名	五百餘戶
10	蘇爾莽	百戶	在子曲河下游，東界札武，南界昌都，西界囊謙，北界拉休	百長二名	四百餘戶
11	蘇魯克	百戶	在鄂穆曲河南，東北界囊謙，西界中壩，南界瓊布，色爾札		未詳
12	蒙古爾津附白力登馬族	百戶	同牧咱〔札〕曲河流域，東界川邊石渠縣，南界札武，西界迭達，拉布寺，稱多，固察，西北界娘磋，東北界果洛番	無	一百餘戶
13	永夏	百戶		百長一名	五百餘戶
14	竹節	百戶		百長三名	五百餘戶
15	格吉麥馬	百戶	同駐牧雜曲及子曲河上流，東界拉休，囊謙，南界中壩，西北界玉樹	百長二名	四百餘戶
16	格吉班馬	百戶		無	一百餘戶
17	格吉得馬	百戶		無	一百餘戶

序號	族 名	土職	住 牧 地 界	所屬頭目	屬民
18	中壩麥馬	百戶	同牧鄂穆曲及阿雲，當木雲之上源，東界囊謙，蘇魯克，南界藏邊三十九族，西境皆空地，北界玉樹，格吉。	百長一名	四百餘戶
19	中壩班馬	百戶		百長一名	一百餘戶
20	中壩得馬	百戶		百長一名	未詳
21	玉樹將賽	百戶	同牧通天河上游，東與娘磋，迭達，沖，札武，拉休錯壤，南與格吉，中壩接境，西北皆荒寒不毛之地		一百餘戶
22	玉樹總舉	百戶			一百餘戶
23	玉樹戎模	百戶			一百餘戶
24	玉樹鴉拉	百戶			一百餘戶
25	娘磋	百戶	北瀕星宿海，南至通天河，東與加迭喀桑，果猇番為界，西南與玉樹為界		三百餘戶
26	附覺拉寺		寺在雜曲河邊，南界囊謙，北界拉休		一百餘戶
27	附拉布寺		寺在通天河東，東界竹節，南界迭達，西界札武，北界稱多		一百五十餘戶

《青海省藏族蒙古族社會歷史調查》載青海四十族土司

附錄一　一九四九年玉樹百長部落情況

序號一	序號二	土官職稱	土官姓名	隸屬關係	土官駐地	在今縣鄉	說　明
一	1	囊謙千戶	札喜·才旺多杰	全玉樹最大土官	囊謙喀	囊謙縣乩札鄉	原為土王，雍正時封為千戶
	2	加查百戶	才任尤仲（女）	直屬於千戶	囊謙喀	乩札鄉	千戶七佐政之一
	3	瓊保百戶	多杰旺札	直屬於千戶	折雅哇喀	吉曲鄉	千戶七佐政之一
	4	阿夏百戶	加尕	直屬於千戶	當巴那	吉尼賽鄉	千戶七佐政之一
	5	東巴百戶	土登公保	直屬於千戶	當巴折色高	東巴鄉	千戶七佐政之一
	6	邦沙百戶	札昂	直屬於千戶	邦沙尕	著曉鄉	千戶七佐政之一
	7	巴慶百戶	鄧德札巴	直屬於千戶	東巴差松昂	囊謙縣東巴鄉	千戶七佐政之一
	8	香達百戶	烏吉尼馬	直屬於千戶	香達	香達鄉	千戶七佐政之一
	9	阿卓百長	阿卓登秋	直屬於千戶	雜斗	香達鄉	
	10	昌沙百長	仁慶生根	直屬於千戶	雜麥地區	香達鄉	
	11	茶瓦百長	茶哇·蘭江	直屬於千戶	拉宗	香達鄉	
	12	桑早百長	阿喪	直屬於千戶	當科	香達鄉	
	13	大那百長	普江	直屬於千戶	大那	香達鄉	
	14	熱州百長	多程	直屬於千戶	吉沙村	囊謙縣乩札鄉	
	15	謝克百長	謝克·阿公	直屬於千戶	那日多馬	乩札鄉	
	16	吉倉百長	吉倉·白加	直屬於千戶	那日麥馬	乩札鄉	
	17	加斯百長	白馬旺札	直屬於千戶	囊謙卡牙切	乩札鄉	
	18	帕紅百長	謝拉宮保	直屬於千戶	帕紅日哇	乩札鄉	

序號一	序號二	土官職稱	土官姓名	隸屬關係	土官駐地	在今縣鄉	說　明
	19	葉巴百長	謝拉巴松	直屬於千戶	葉巴	乩札鄉	
	20	馬同百長	馬同桑定	直屬於千戶	多岡涌	乩札鄉	
	21	差多百長	白保	直屬於千戶	差多	囊謙縣乩札鄉	
	22	達吾百長	藏拉	直屬於千戶	保元涌	乩札鄉	
	23	阿德百長	仁慶昂加	直屬於千戶	乩札鹽場	乩札鄉	
	24	東翁百長	東・桑定	直屬於千戶	強多	乩札鄉	
	25	窮都百長	伊發尔路	直屬於千戶	格毛日哇	乩札鄉	
	26	安卡百長	旺加尼馬	直屬於千戶	班涌	乩札鄉	
	27	達尼百長	孟格・才哇	直屬於千戶	達尼日哇	著曉鄉	
	28	白日百長	才仁旺加	直屬於千戶	少崗	囊謙縣吉曲鄉	
	29	塞多百長	塞仲多仁	直屬於千戶	塞多	吉曲鄉	
	30	慘沙百長	班鳩	直屬於千戶	慘沙寺	吉尼賽鄉	
	31	拉宮百長	拉索阿保	直屬於千戶	卡厚齊	吉尼賽鄉	
	32	多塘百長	多塘俄公	直屬於千戶	多塘	吉尼賽鄉	
	33	札弱百長	青梅拉加	直屬於千戶	札弱	吉尼賽鄉	
	34	達那百長	昂卡	直屬於千戶	越日崗	吉尼賽鄉	
	35	札卡百長	旺慶尼馬	直屬於千戶	吉賽	囊謙縣吉尼賽鄉	
	36	哇熱百長	多札	直屬於東巴百戶	札色高	東巴鄉	
	37	巴瓊百長	昂札	直屬於東巴百戶	葉慶宮	東巴鄉	
	38	尕吾百長	彭覺	直屬於千戶	尕毛格	著曉鄉	
	39	邦涌百長	旺昂	直屬於千戶	察仁布	著曉鄉	
	40	達沙百長	滕卻	直屬於千戶	歐青朗	著曉鄉	
	41	梅娘百長	才多	直屬於千戶	果洛涌	著曉鄉	
	42	仲沙百長	久塞	直屬於千戶	仲沙	覺拉鄉	
	43	拿日百長	蘭珠	直屬於千戶	曲麻朗	覺拉鄉	
	44	蘇日百長	曲厚折美	直屬於千戶	蘇日	覺拉鄉	
	45	蘇德百長	敦都才加	直屬於千戶	蘇德	覺拉鄉	
	46	群培百長	才旦札巴	直屬於千戶	尕沙	覺拉鄉	
二	47	覺拉百戶	代寧喇嘛	領屬於千戶	覺拉寺	覺拉鄉	

序號一	序號二	土官職稱	土官姓名	隸屬關係	土官駐地	在今縣鄉	說　明
三	48	蘇莽百戶	尕旺喇嘛	領屬於千戶	囊結載寺	毛莊鄉	
	49	孜拉百長	多拉	直轄於蘇莽百戶	加德達	囊謙縣毛莊鄉	
	50	江巴百長	江巴・格來	直轄於蘇莽百戶	當熱多	年拉	
	51	阿生百長	阿生	直轄於蘇莽百戶	寶日麻	毛莊鄉	
	52	歐哈百長	歐哈・老周	直轄於蘇莽百戶	角強改	毛莊鄉	
	53	瓦合百長	白多	直轄於蘇莽百戶	阿火札尕	年拉	
	54	圖給百長	老周才旦	直轄於蘇莽百戶	卓高	玉樹縣肖蘇莽鄉	
四	55	上中壩百戶	巴鳥	領屬於千戶	郭仁達	雜多縣結多鄉	
	56	白查百長	白查・康沙	直轄於上中壩百戶	阿多	雜多縣結多鄉旦榮鄉	
	57	美苟百長	才達	直轄於上中壩百戶	浪群	雜多縣結多鄉	
五	58	下中壩百戶	赤加	領屬於千戶	多朝那	結多鄉	
	59	吉賽百長	尕俊	直轄於下中壩百戶	洋涌	蘇魯鄉	
	60	巴馬百長	賽臥唐克	直轄於下中壩百戶	結涌	結多鄉	
六	61	蘇錄百戶	多杰巴加	領屬於千戶	桑涌	蘇魯鄉	
	62	超肖百長	尕丁	直轄於蘇錄百戶	桑涌	蘇魯鄉	
	63	招索百長	拉根	直轄於蘇錄百戶	招索來	雜多縣蘇魯鄉	
	64	日那百長	彭郡	直轄於蘇錄百戶	熱那仲公	蘇魯鄉	
七	65	格吉那倉百戶	尕馬赤誠	領屬於千戶	賽群涌	結札鄉	
	66	夏令百長	白登	直轄於那倉百戶	托結涌	結札鄉	
八	67	格吉札賽百戶	俄洛	領屬於千戶	齊馬牙格	阿多鄉	

序號一	序號二	土官職稱	土官姓名	隸屬關係	土官駐地	在今縣鄉	說　明
	68	鬧哇百長	鬧華札德	直轄於札賽百戶	賽文	阿多鄉	
九	69	格吉巴馬百戶	臥沙	領屬於千戶	佐強	結札鄉	
	70	達拉百長	白馬	直轄於巴馬百戶	達拉剛竜	雜多縣結札鄉	
十	71	格吉麥馬百戶	宮道	領屬於千戶	布當涌	札青鄉	
十一	72	格吉昂賽百戶	賽慶札巴	領屬於千戶	越寧	昂色鄉	
	73	昂色百長	隆臥茶定	直轄於昂色〔〕百戶	郭涌	昂色鄉	
十二	74	格吉甘周百戶	甘周	領屬於千戶	沖慶	莫雲鄉札青鄉	
十三十四	75	優秀百戶日哇百戶	羅藏	領屬於千戶	寧慶	治多縣立新鄉當江鄉	
	76	布久百長	才昂	直轄於百戶日哇百戶	達科	治多縣當江鄉	
	77	邦久百長	仁慶達杰	直轄於百戶日哇百戶	幫涌	索加鄉	
十五	78	優秀將賽百戶	才仁彭錯	領屬於千戶	結藏永格拉哇	多採鄉	
	79	查哈百長	查哈賽群	直轄於江賽百戶	查涌	多採鄉	
	80	巴拉百長	邱君拉加	直轄於江賽百戶	熱切群	當江鄉	
十六	81	優秀宗舉多德百戶	旺秀多杰	領屬於千戶	騰龍	治渠鄉	
	82	溫保百長	西尕老英	直屬於宗舉巴德百戶	孫慶熱	治多縣索加鄉	
十七	83	優秀宗舉巴得百戶	江洋札喜	領屬於千戶	孫慶熱	治多縣札河鄉治渠鄉	
十八	84	優秀宗舉赤勾百戶	大秋	領屬於千戶	江切群	治多縣治渠鄉	
十九	85	優秀雅拉百戶	日江	領屬於千戶	當西恰	治多縣索加鄉	
	86	優秀夏西百長	羅松年札	領屬於千戶	（草頭下也）格	曲麻萊縣東風鄉	
二十	87	拉秀百戶	江吉	領屬於千戶	拉龍查果年	玉樹縣上拉秀鄉，下拉秀鄉	

序號一	序號二	土官職稱	土官姓名	隸屬關係	土官駐地	在今縣鄉	說　　明
	88	拉秀多馬百長	拉加	直轄於拉秀百戶	（草頭下勾）龍尕	上拉秀鄉	
	89	拉秀巴馬百長	尕熱	直轄於拉秀百戶	札多牙秀	下拉秀鄉	
	90	拉秀麥馬百長	羅尕	直轄於拉秀百戶	札多	下拉秀鄉	
	91	蘇柔百長	更松札德	直轄於拉秀百戶	蘇柔	下拉秀鄉	
	92	白馬百長	卡達公多	直轄於拉秀百戶	白馬	下拉秀鄉	
	93	當卡百長	札喜增格	直轄於拉秀百戶	當卡	玉樹縣下拉秀鄉	
	94	曲稜多百長	冷角買	並〔 〕轄於拉秀百戶	多多寺	下拉秀鄉	
	95	曲消百長	白日尕日	直轄於拉秀百戶	結倉鬧	上拉秀鄉	
	96	葉吉百長	才亞公保	直轄於拉秀百戶	葉吉	下拉秀	
	97	塔麻百長	科日帕周	直轄於拉秀百戶	塔一麻	下拉秀鄉	
	98	子多百長	白日老才	直轄於拉秀百戶	子多	上拉秀鄉	
	99	格馬百長	改日鬧拉	直轄於拉秀百戶	格馬	上拉秀鄉	
	100	郭群百長	白日永登	直轄於拉秀百戶	郭群	玉樹縣下拉秀鄉	
	101	本日百長	江永文保	直轄於拉秀百戶	本高	玉樹縣下拉秀鄉	
	102	邦忙麻百長	尕著登巴	直轄於拉秀百戶	邦忙	玉樹縣下拉秀鄉	
	103	日馬百長	阿讓來昂	直轄於拉秀百戶	日馬	玉樹縣上拉秀鄉	
	104	波日百長	藏冷	直轄於拉秀百戶	波日	玉樹縣上拉秀鄉	
	105	賽多尼百長	巴子札亞	直轄於拉秀百戶	賽東尼馬	玉樹縣下拉秀鄉	
	106	岡麻百長	巴央拉加	直轄於拉秀百戶	岡麻	玉樹縣下拉秀鄉	
二十一	107	隆保百戶	多德才旺	領屬於千戶	拉娘寺	玉樹縣仲達鄉	

序號一	序號二	土官職稱	土官姓名	隸屬關係	土官駐地	在今縣鄉	說　明
	108	上隆保百長	多杰占斗	直轄於隆保百戶	繞多	玉樹縣結隆鄉，還有赤格百長	
	109	下隆保百長	才培	直轄於隆保百戶	果慶	玉樹縣結古鄉	
	110	拉札百長	青梅文道	直轄於隆保百戶	藏年	玉樹縣仲達鄉	
	111	文宗百長	多慶	直轄於隆保百戶	文宗	玉樹縣仲達鄉	
二十二	112	安沖百戶	宮卻拉桑	領屬於千戶	安沖莊	玉樹縣安沖鄉	
	113	拉則百長	羅華	並屬於安沖百戶	拉則村	玉樹縣安沖鄉	
	114	野吉百長	公松	並屬於安沖百戶	野吉村	玉樹縣安沖鄉	
	115	連葉百長	才仁多加	並屬於安沖百戶	連葉村	玉樹縣安沖鄉	
	116	阿夏百長	嘎求	並屬於安沖百戶	阿夏村	玉樹縣安沖鄉	
	117	阿雍百長	成尕	並屬於安沖百戶	吉打	玉樹縣安沖鄉	
二十三	118	布慶百戶	蔡祚禎	領屬於千戶	登尕色	玉樹縣巴塘鄉	
	119	江西百長	邱加	直轄於布慶百戶	江西	玉樹縣小蘇莽鄉	
	120	秋涌百長	丹增秋周	直轄於布慶百戶	秋涌	玉樹縣小蘇莽鄉	
	121	札日百長	巴因布果	直轄於布慶百戶	札日麻	玉樹縣小蘇莽鄉	
	122	本巴百長	（戈去一撇）郎	直轄於布慶百戶	則昂	玉樹縣小蘇莽鄉	
	123	西巷百長	成林巴松	直轄於布慶百戶	西巷	玉樹縣小蘇莽鄉	
	124	江麻百長	加哇	直轄於布慶百戶	江涌	玉樹縣小蘇莽鄉	
	125	馬肖百長	旺慶	直轄於布慶百戶	馬肖	玉樹縣小蘇莽鄉	
	126	下巴塘百長	尕德	直轄於布慶百戶	巴美查乃	玉樹縣巴塘鄉	

序號一	序號二	土官職稱	土官姓名	隸屬關係	土官駐地	在今縣鄉	說　明
	127	本日百長	尕拉才仁	直轄於布慶百戶	本日麻	玉樹縣巴塘鄉	
	128	昂喜科百長	旺都	直轄於布慶百戶	昂喜科	玉樹縣安沖鄉	
	129	布絨百長	格吉英那	直轄於布慶百戶	布絨	玉樹縣安沖鄉	
二十四	130	拉達百戶	邱吉多杰	領屬於千戶	本慶寺	玉樹縣巴塘鄉	
	131	迭溝百長	達拉	直屬於拉達百戶	迭溝村	玉樹縣結古鄉	
	132	莫拉百長	才巴久	直屬於拉達百戶	莫拉	玉樹縣巴塘鄉	
二十五	133	札武百戶	久美	領屬於千戶	新寨	玉樹縣結古鄉	
	134	喀支百長	白馬老周	直轄於札武百戶	喀支村	玉樹縣結古鄉	
	135	札喜科百長	鄒巴才加	直轄於札武百戶	札喜科	玉樹縣結古鄉札西科達日達	
	136	上尕拉百長	丹居	直轄於札武百戶	尕多	玉樹縣仲達鄉	
	137	下尕拉百長	蔡佳	直轄於札武百戶	尕麥	玉樹縣仲達鄉	
	138	增達百長	尕仲公保	買屬於札武百戶	增達	玉樹縣仲達鄉	
	139	蘭達百長	阿根	直屬於札武百戶	蘭達	稱多縣歇武鄉	
	140	上巴塘百長	札德	直轄於札武百戶	巴多	玉樹縣巴塘鄉	
	141	巴塘百長	老牙	直轄於札武百戶	巴塘	玉樹縣巴塘鄉	
	142	傑宗百長	腦加	並屬於札武百戶	杰宗	玉樹縣結隆鄉	
	143	上哈秀百長	歐才	並屬於札武百戶	哈秀	玉樹縣哈秀鄉	
	144	下哈秀百長	索加	並屬於札武百戶	哈秀	玉樹縣哈秀鄉	
	145	歇武百長	才尼且達杰	並屬於札武百戶	謝武村	稱多縣歇武鄉	
二十六	146	拉布百戶	昂旺	領屬於千戶	拉布寺	稱多縣拉布鄉	

序號一	序號二	土官職稱	土官姓名	隸屬關係	土官駐地	在今縣鄉	說　明
	147	拉布百長	索南文慶	直轄於拉布百戶	拉司通	稱多縣拉布鄉	
	148	迭達百長	鬧永巴八	並屬於拉布百戶	迭達莊	稱多縣拉布鄉	
二十七	149	稱多百戶	昂多	領屬於千戶	周均莊	稱多縣稱文鄉	
	150	稱多百長	昂江占斗	直轄於稱多百戶	改俄莊	稱多縣稱文鄉	
二十八	151	固察百戶	甘陳	領屬於千戶	日日莊	稱多縣賽河鄉	
	152	固察百長	繞古江多	直轄於固察百戶	繞古	稱多縣賽河鄉	
二十九	153	下年錯百戶	巴德占斗	領屬於千戶	卡繞札繞	稱多縣尕朵鄉	
	154	卡吉百長	才昂	直轄於下年措百戶	卡吉莊	稱多縣尕朵鄉	
三十	155	上年錯百戶	夏日	領屬於千戶	(草頭下也)格	曲麻萊縣東風鄉巴干鄉	
	156	宗吉百長	白久札昂	直轄於上年措百戶	(草頭下也)格	曲麻萊縣東風鄉巴干鄉	
	157	邦西百長	邦西‧葉加	直轄於上年措百戶	永倉涌	曲麻萊縣東風鄉	原爲管家，一九四〇年前後升爲百長
三十一	158	白日多馬百戶	仁慶才加	領屬於千戶	本日多卡	稱多縣清水河	
	159	白多百長	阿江	直轄於白日多馬百戶	治宗那	稱多縣札朵鄉	
	160	白多百長	苟杰西科	直轄於白日多馬百戶	加吾札繞	稱多縣札朵鄉	
	161	上賽巴百長	阿杰	並屬於白日多馬百戶	賽普	稱多縣歇武鄉	
	162	下賽巴百長	巴德彭錯	並屬於白日多馬百戶	溫巴莊	稱多縣歇武鄉	
三十二	163	白日麥馬百戶	札巴昂加	領屬於千戶	尕拉勒那	稱多縣珍秦鄉	
	164	麥馬百長	昂剛	直轄於白日麥馬百戶	尕拉勒那	稱多縣珍秦鄉	

序號一	序號二	土官職稱	土官姓名	隸屬關係	土官駐地	在今縣鄉	說　明
三十三	165	休馬百戶	祁美多杰	領屬於千戶	東毛	稱多縣珍秦鄉	
	166	休馬百長	查結文江	直轄於休馬百戶	眞毛	稱多縣珍秦鄉	
三十四	167	永夏百戶	旺慶昂加	領屬於千戶	當科	稱多縣清水河	
	168	永夏百長	賽洛	直轄於永夏百戶	美涌	稱多縣清水河	
三十五	169	喀那百戶	才仁文江	領屬於千戶	毛慶	稱多縣珍秦鄉	
	170	喀那百長	才旺仁爭	直轄於喀那百戶	毛群	稱多縣珍秦鄉	
三十六	171	阿尼百戶	松巴登增	領屬於千戶	札拉	稱多縣清水河鄉	
	172	阿尼百長	日（草頭下勾）加多	直轄於阿尼百戶	查科	稱多縣清水河鄉	
三十七	173	文保百戶	羅周尖錯	領屬於千戶	卡昂莊	稱多縣稱文鄉	
	174	文保百長	宮卻昂加	直轄於文保百戶	查日科	稱多縣稱文鄉	

雲南省車里宣慰使司及屬司攷

　　清時期雲南設一車里宣慰使司，清廷之設該司乃因循明之舊制，其之民人多爲今之傣族者，與雲南邊外清廷之藩屬緬甸老撾諸國接，該土司轄地甚廣，有十三版納十二版納之謂，清廷於該司之下亦設有諸多之小土司，諸漢文史籍往往指諸小土司爲十三版納，諸書各異，甚有將一版納屬內二小土司目爲二版納者，此必致本爲十三版納者摒除於外也，承平之日似無大礙，及至清末邊外諸藩屬爲英法二寇所侵據，則予二寇割裂疆土之口實也，可謂錯謬甚矣，此皆爲漢人不習其族之語言文字，輕視其之文字典籍所致也，及至李拂一先生整理編譯《泐史》一書，始於十三版納十二版納之區劃稍明也。

　　版納爲傣語，版之意爲區域，納之意爲田，亦可作田賦解，以田賦大致相等者劃爲十二版納，歷史上亦數次劃分之，所屬之區域亦復不同，據此十二版納收集田賦以上納明清二廷，稱之爲乾折版納。於緬甸者因緬人之例外苛索，必欲析車里宣慰使本司爲一版納，合之十二版納爲十三版納，以上納供賦，稱爲乾朵版納。清廷於該司之下諸多之小頭目設爲小土司，此小土司之數目實多於十二者，故有一版納內實有二三小土司者。版納之區劃本爲車里宣慰使司本族之習慣，清廷之設小土司本不據此也，及至鄂爾泰於雲南改土歸流，瀾滄江以東諸小土司劃歸州縣直轄，十二版納已不全歸車里宣慰使直轄也，茲攷其十二版納與諸小土司於此。

　　如上文所言十二版納之劃分本有數次，此處僅錄於清時期相關之十二版納，清乾隆五十年，車里宣慰使重劃十二版納如下。(《泐史》頁五四)

序號	版　　納	備　　註
1	猛臘，猛半	大版納
2	思茅，六順	大版納
3	整董	大版納
4	猛領（普騰）	大版納
5	猛烏，烏得	大版納
6	猛罕（橄欖壩）	大版納
7	猛遮	大版納
8	猛混	大版納
9	猛籠	大版納
10	猛捧，猛潤	小版納
11	猛海，猛阿，賽寬，崗景	小版納
12	景眞，猛遠，猛醒，小猛養	小版納

　　清廷所設諸小土司位於原車里宣慰使司十二版納者如下。《車里》頁一〇
九。

序號	土司職銜	地　方	備　　註	今　地　攷
1	宣慰使司宣慰使	車里		雲南省景洪市勐養鎮
2	土把總	橄欖壩	車里宣慰司東一百二十里	雲南省景洪市勐罕鎮
3	土把總	猛籠（一作大猛籠）	車里宣慰司南一百五十里	雲南省景洪市勐龍鎮
4	土把總	猛遮	車里宣慰司西二百里	雲南省勐海縣勐遮鎮
5	土便委	頂眞	車里宣慰司西一百九十里	雲南省勐海縣勐遮鎮景眞村
6	土便委	猛滿	車里宣慰司西北二百八十里	雲南省勐海縣勐海鎮
7	土把總	猛海	車里宣慰司西一百五十里，雍正間授土便委，清末升土把總	雲南省勐海縣
8	土便委	猛混	車里宣慰司西一百九十里	雲南省勐海縣勐混鎮
9	土便委	打洛	車里宣慰司西南三百二十里	雲南省勐海縣打洛鎮
10	土便委	猛往	車里宣慰司北二百五十里	雲南省勐海縣勐往鄉
11	土把總	猛阿	車里宣慰司西北二百里	雲南省勐海縣勐阿鎮
12	土便委	猛亢	車里宣慰司西北二百五十里	雲南省勐海縣勐阿鎮勐康村
13	土便委	猛捧（一作猛鞏）	車里宣慰司東南六百六十五里	雲南省勐臘縣勐捧鎮
14	土把總	猛臘	車里宣慰司東南五百四十五里	雲南省勐臘縣
15	土便委	猛崙	車里宣慰司東二百三十里	雲南省勐臘縣勐侖鎮

序號	土司職銜	地　方	備　　註	今　地　攷
16	土便委	猛半	車里宣慰司東南四百九十里	雲南省勐臘縣勐伴鎮
17	土把總	易武	車里宣慰司東三百三十里	雲南省勐臘縣易武鄉
18	土把總	倚邦	車里宣慰司東北三百四十里	雲南省勐臘縣象明彝族鄉倚邦街
19	土把總	整董	車里宣慰司東北五百五十里	雲南省江城縣整董鎮
20	土便委	竜得（一作弄得）	車里宣慰司東北四百二十里	距車里縣署七程，四百一十里，東至猛板田一百五十里，界法屬猛烏，東南至漫乃八十里，西南至倚邦八十里，北至整董一百三十里。 雲南省勐臘縣象明鄉境內，疑即茨姑塘村。民國時期象明縣轄下土司之一即龍得土司
21	土千總	普藤（一作普文）	車里宣慰司北二百四十五里	雲南省景洪市普文鎮
22	土把總	猛旺	車里宣慰司東北三百六十五里	雲南省景洪市勐旺鄉
23	土把總	六順（舊作六困）	先駐白馬山，後移駐思茅東南十五里之刀官寨，今移駐龍塘，在九龍江內，車里宣慰司北三百五十里	雲南省普洱市思茅區六順鄉
24	土便委	補角	車里宣慰司東四百三十里	雲南省勐臘縣勐臘鎮補角村
25	土把總	猛烏		老撾豐沙里省孟烏怒。事蹟見《中國西南歷史地理攷釋》頁一二六三
26	土把總	烏得		老撾豐沙里省孟烏太。事蹟見《中國西南歷史地理攷釋》頁一二六三

四川省三果洛土司攷

四川松潘廳屬三果洛土司攷

　　今名果洛之藏人部落，在清時期爲四川松潘廳漳腊營屬，其之始見清代史冊者名郭羅特，康熙五十九年清軍定藏之役，青海入藏之清兵軍馬驛站屢爲其搶，而其所搶劫之地遠至今黃河源頭札靈湖，鄂靈湖，可知康熙末年果洛藏人之活動區域已達黃河源頭兩湖區域，其之距西寧遠較四川成都爲近，今亦歸青海省所轄。而有清一朝歸之四川所轄者乃因其懲辦之初爲四川省所爲，因其距松潘較近，故由四川省爲之，此爲曩時之情形也。康熙六十年岳鍾琪率鎮兵及四川諸土司兵平定之，以上中下三果洛名之，授上下果洛爲百戶，中果洛爲千戶，此爲清代果洛設土司之始。清廷雖于果洛藏人設土司之職，皆爲羈縻之策，而果洛藏人搶劫之風甚熾，因其地近青海，故青海蒙藏二族及青海入藏之官道首當其衝，有清一代屢出兵剿辦，然兵撤搶劫如故，甚礙蒙藏二族及西藏內地之交通也。故於此三土司於此處列之。

　　欲詳攷此三果洛之所在，殊感困難也，雖《清實錄》于果洛之搶案史不絕書，然身履其地而錄其情形者絕少，故退而其次以中共建政初之調查資料爲之，時過境遷，果洛部落之情形迥異，此雖不得已而爲之，然亦有一定之據也，藏人游牧之部落雖游牧爲生，然其牧場則較爲固定，雖分合頻仍，但大致尚在原牧地也，因牧場雖闊然皆有主也。若玉樹四十族清末分合爲二十五族，除阿哩克族遠徙外，其餘諸族均在其原牧地也。

　　康熙六十年岳鍾琪進兵之時，果洛之情形岳鍾琪言之。郭羅克住居之地長亙一溝，部番千有餘戶，其強健上馬執鳥槍者約千餘人，雖野性難馴，亦因地皆不毛，惟藉打牲度日，生計日窘，遇有行旅，屢行搶劫〔註1〕。攷之今日地圖，此所謂一溝者當即今青海省班瑪縣多柯河流域也，此三果洛亦當分佈於此河流域也。然其戶口之說必不確，因岳鍾琪僅言之一溝之民戶也。

　　民國三十一年吳景敖攷察果洛，撰《川青邊境果洛諸部之探討》，此時獨立大部落共五十一，下屬民戶一萬三千一百。及至中共建政，達日，甘德，班瑪，久治四縣共有獨立大部落四十二，小部落一百零七，戶一萬二千五百三十四〔註2〕。由此可見部落分合之頻仍。此時期之調查資料，於三果洛之區劃各異，一種之說法言此眾多之部落皆源自昂欠本，阿什姜本，班瑪本三部落，是即上中下三果洛，吾初尚疑之何以此三部落即爲康熙六十年清廷始設土司之上中下三果洛也，及見阿什姜部落分出之康賽部落尚存嘉慶二十三年禮部頒發之嘉字一四一○號中郭羅克土千戶印信，此與嘉慶朝《清實錄》相符，始信傳說之不誣也。茲據中共建政初之資料以攷三果洛之所在。

序號	土 司 情 形	今 地 攷
1	上郭羅克土百戶折旺他，於雍正七年歸誠，題准授以土百戶職銜，頒給號紙一張，無印信，住牧之地曰上郭羅克，其地東至小阿樹接壤，南至中郭羅克接壤，西至上阿樹接壤，北至草地黃河接壤，管轄九寨番民二百八十七戶，每歲認納貢馬二匹，解漳臘營交納，牽領營馬。《四川通志》（乾隆）卷十九頁二二 上郭羅克車木塘寨土百戶澤楞查什，係西番種類。其先噶頓於康熙六十年歸誠授職，頒給號紙，無印信，住牧上郭羅克車木塘寨，其地東至一百里交上阿壩寨界，南至一百里交中郭羅克界，西至四百里交卓和所屬番寨界，北至一百里交小阿樹界，四至共七百里，所管十寨番民共二百五十一戶，向無認納錢糧，每年征馬價銀二十兩零八分，交松潘鎮漳臘營上納，備補倒斃馬匹。《四川通志》（嘉慶）卷九十六頁十八	青海省達日縣上紅科鄉，下紅科鄉，莫壩鄉一帶。
2	中郭羅克土千戶丹增，於雍正七年歸誠，題准授以土千戶職銜，頒給號紙，無印信，住牧之地曰中郭羅克，其地東至中阿壩接壤，南至下郭羅克接壤，西至中阿樹接壤，北至上郭羅克接壤，管轄十六寨番民四百八十三戶，每歲認納貢馬五匹，解漳臘營交納，牽領營馬。《四川通志》（乾隆）卷十九頁二三 中郭羅克插落寨土千戶索浪丹壩，係西番種類。其先丹增於康熙六十年歸誠授職，頒給號紙，無印信，住牧中郭羅克插落寨，其地東至一百八十里交中阿壩寨界，南至四十里交下阿樹寨界，西至四十里交上阿樹寨界，北至五十里交上郭羅克界，四至三百一十里，所管十七寨番民共四百八十五戶，向無認納錢糧，每年征馬價銀三十八兩八錢，交松潘鎮漳臘營上納，備補倒斃馬匹。《四川通志》（嘉慶）卷九十六頁十九	青海省甘德縣上貢麻鄉，下貢麻鄉一帶。

〔註1〕見《清實錄》（乾隆）卷一八九，冊十一頁四三五。
〔註2〕見《青海省藏族蒙古族社會歷史調查》頁一一一。

序號	土　司　情　形	今　地　攷
3	下郭羅克土百戶六加布，於雍正七年歸誠，題准授以土百戶職銜，頒給號紙，無印信，住牧之地曰下郭羅克，其地東至革爾接壤，南至雜谷獨更梁艾接壤，西至下阿樹接壤，北至中郭羅克接壤，管轄二十九寨番民三百一十八戶，每歲認納貢馬三匹，解漳臘營交納，牽領營馬。《四川通志》（乾隆）卷十九頁二三 下郭羅克納卡寨土百戶拆論札舍，係西番種類。其先彭錯於康熙六十年歸誠授職，頒給號紙，無印信，住牧下郭羅克納卡寨，其地東至一百八十里交下阿壩界，南至一百里交維州所屬綽斯甲界，西至一百二十里交上阿樹界，北至五十里交下阿樹界，四至共四百五十里，所管二十九寨番民共三百三十三戶，向無認納錢糧，每年征馬價銀二十六兩六錢四分，交松潘鎮漳臘營上納，備補倒斃馬匹。 以上土千百戶三員，所管番民住高石碉房，性惰刁悍，不好耕種，專務打牲，口外遠近貿易客商以及青海一帶屢受其擾，疊經剿辦。（《四川通志》（嘉慶）卷九十六頁十九）	青海省班瑪縣吉卡鄉附近。

《青海省藏族蒙古族社會歷史調查》載果洛資料

序號	部 落 名	戶 數	頭 人	部落淵源
一	達日縣			
1	紅科，原名多巴	八百	祁委官	昂欠本
2	上莫巴，又名長尼哈桑	七百	伊尹昂傑 札喜然旦，伊之弟 加啓，伊之叔 錯銳，伊叔伯兄弟 耐什傑 昂傑 德洛	昂欠本
3	崗巴	八十三	魯尖木 班成木	昂欠本
4	達哇	九十六	且宮	昂欠本
5	查讓	二百三十	索南才讓	昂欠本
6	周吉雪化	一百三十	昂布智	昂欠本
7	多日哇，多倉爾哇倉合併者	六十四	華召索德日	昂欠本
8	宮科	四十	宮保拉旦	昂欠本
9	藏吉	十五	札相	
10	和科	八百五十	特卜才	阿什姜
11	德合脫	三百	札洛 豆格日	班瑪本
12	桑日麻		蔡公，又名珊紅 多日巷 索熱，係多之長子 索多，係多之次子	昂欠本
二	甘德縣			
1	阿什姜貢麻倉	二千六百七十一	且曾尖措	阿什姜
2	布查日麻	七十	木三洛	昂欠本
3	大武	二百二十	陶哇加，百戶	阿什姜
4	大武休麻	二百	次合洛	阿什姜
5	麥倉	三百	土哇 且培	阿什姜
6	下莫巴，又名蘭科日	三百四十七	索南明錯	昂欠本
7	然洛，又名何饒瑪	四百二十四	然洛，又名然洛多傑	阿什姜

序號	部　落　名	戶　數	頭　人	部落淵源
8	查科	二百	旦賽爾	阿什姜
9	夸科	一百三十	加卜多	阿什姜
10	哈科	七十一	札昂	
11	公倉貢麻，康干直屬在屈貢麻者	四十	多哥爾	阿什姜
三	班瑪縣			
1	吉隆貢麻	九十	旦諾日 維多斯日	班瑪本
2	吉隆曼麻	四十	俄仲	班瑪本
3	卡昂貢麻	一百五十	布仁宮，又名九傑	班瑪本
4	卡昂曼麻	六十	尕道如 夏達日洛	班瑪本
5	王柔桑	六十	南木銳 敖章	班瑪本
6	德昂貢麻	五十	看宮 尕干	阿什姜
7	德昂曼麻	八十	宮昂	阿什姜
8	王義	二百五十	仁曾官保 南木仲 智邁 巴洛	班瑪本
9	思達	二百五十	維宙 卡伊	班瑪本
10	德和脫	一百六十	格爾洛	班瑪本
11	仁玉，農業區	六百八十四	亞當達洛	阿什姜
四	久治縣			
1	康干	一千一百七十六		阿什姜
2	康賽	七百四十九		阿什姜
3	哇賽	一百六十八	昂親多傑	阿什姜

清末大政區調整者

　　清末西方列強侵略甚劇，喪地千里，一次之喪地幾垺於西方之一國，國土日蹙，清廷亟思補牢之策，光緒十年平定西北回亂及阿古柏入侵後新疆設省，光緒十一年台灣設省，光緒三十三年東北裁將軍改設奉天、吉林、黑龍江三省。光緒三十一年駐藏幫辦大臣鳳金巴塘被殺後趙爾丰於川邊武力改土歸流並及於西藏之屬地，宣統三年代理邊務大臣傅嵩烋奏請設省因鼎革未果，然郡縣實已多設之，茲將清末大政區調整者詳考之。

奉天省

《皇朝續文獻通攷》卷三百六

奉　天　省	今　地　攷
奉天省	太祖天命七年建東京於遼陽，遷都瀋陽，太宗天聰五年尊爲盛京，及世祖統御六合，定都京師，遂以盛京爲留都，旋置奉天府尹以理民事，設鎮守大臣以統軍政，康熙初改將軍，光緒三十一年裁府尹，設知府，三十三年裁將軍改行省，名曰奉天，設巡撫並東三省總督駐焉，嗣後悉罷八旗分防治理之制，增置府廳州縣以數十計，行省規模於是大備。 凡領府八，直隸廳五，散廳三，州六，縣三十二
1）奉天府	遼寧省瀋陽市
舊領州二，縣六，道光二十三年升寧海縣爲金州廳，光緒二十八年增置興仁縣，三十二年增置遼中，本溪兩縣，三十四年改興仁縣曰撫順縣，宣統二年裁承德縣以府直轄，凡領廳一，州二，縣七	

奉　天　省	今　地　攷
〔1〕遼陽州	遼寧省遼陽市
〔2〕開原縣	遼寧省開原市老城街道
〔3〕鐵嶺縣	遼寧省鐵嶺市
〔4〕海城縣	遼寧省海城縣
〔5〕蓋平縣	遼寧省蓋縣
〔6〕復州	遼寧省瓦房店市復州城鎮
〔7〕金州廳	遼寧省金縣
〔8〕撫順縣	遼寧省撫順市
〔9〕遼中縣	遼寧省遼中縣遼中鎮
〔10〕本溪縣	遼寧省本溪市
2）營口直隸廳	遼寧省營口市
3）莊河直隸廳	遼寧省莊河市
4）興京府	遼寧省新賓縣
府治本名赫圖阿拉，天命元年太祖始築城，都之，天聰八年尊爲興京，置城守尉，乾隆二十八年設理事通判廳，光緒二年移治迤東三十里之新賓堡，改同知，增置通化，懷仁二縣隸之，二十八年增置臨江，輯安二縣隸之，宣統元年升府，凡領縣四。	
〔11〕通化縣	吉林省通化縣
〔12〕懷仁縣	遼寧省桓仁縣
〔13〕臨江縣	吉林省臨江市
〔14〕輯安縣	吉林省集安市
5）鳳凰直隸廳	遼寧省鳳城市
舊分轄於鳳凰，岫岩兩城守尉，乾隆三十七年設岫岩廳兼理鳳凰城，道光七年改稱岫岩鳳凰城廳，光緒二年分設鳳凰廳，改岫岩爲州，又增置安東縣隸之，三年增置寬甸縣隸之，凡領州一，縣二	
〔15〕岫岩州	遼寧省岫岩縣
〔16〕安東縣	遼寧省東港市
〔17〕寬甸縣	遼寧省寬甸縣
6）長白府	吉林省長白縣長白鎮
凡領縣二	
〔18〕安圖縣	吉林省安圖縣

奉　天　省	今　地　攷
〔19〕撫松縣	吉林省撫松縣
7）法庫直隸廳	遼寧省法庫縣
8）海龍府	吉林省梅河口市海龍鎮
凡領縣四	
〔20〕東平縣	吉林省東豐縣
〔21〕西豐縣	吉林省西豐縣
〔22〕西安縣	吉林省遼源市
〔23〕柳河縣	吉林省柳河縣
9）輝南直隸廳	吉林省輝南縣
10）昌圖府	遼寧省昌圖縣
今領州一，縣三	
〔24〕奉化縣	吉林省梨樹縣
〔25〕懷德縣	吉林省公主嶺市
〔26〕康平縣	遼寧省康平縣
〔27〕遼源州	吉林省雙遼縣
11）洮南府	吉林省洮南市
今領縣五	
〔28〕靖安縣	吉林省大安市平安鎮
〔29〕開通縣	吉林省通榆縣
〔30〕安廣縣	吉林省大安市新平安鎮
〔31〕醴泉縣	內蒙古突泉縣
〔32〕鎮東縣	吉林省鎮賚縣
12）新民府	遼寧省新民市
養息牧場，今領縣二	
〔33〕鎮安縣	遼寧省黑山縣
〔34〕彰武縣	遼寧省彰武縣
13）錦州府	遼寧省錦州市
今領廳二，州二，縣三	
〔35〕錦縣	遼寧省錦州市
〔36〕寧遠州	遼寧省興城市
〔37〕廣寧縣	遼寧省廣寧縣
〔38〕義州	遼寧省義縣

奉 天 省	今 地 攷
〔39〕綏中縣	遼寧省綏中縣綏中鎮
〔40〕錦〔註1〕西廳	遼寧省葫蘆島市
〔41〕盤山廳	遼寧省盤山縣

〔註 1〕原文作鎮，今改正。

吉林省

《皇朝續文獻通攷》卷三百七

吉　林　省	今　地　攷
吉林省	大清始祖發祥於寧古塔西南長白山東北布庫哩山下
凡領府十一，直隸廳一，散廳四，州三，縣十八	
1）吉林府	吉林省吉林市
2）長春府	吉林省長春市
3）農安縣	吉林省農安縣
4）西南路道	吉林省長春市
〔1〕德惠縣	吉林省德惠市大房身鎮
〔2〕長嶺縣	吉林省長嶺縣
〔3〕雙陽縣	吉林省長春市雙陽區
〔4〕舒蘭縣	吉林省舒蘭縣朝陽鎮
〔5〕伊通直隸州	吉林省伊通縣
〔6〕樺甸縣	吉林省樺甸市
〔7〕磐石縣	吉林省磐石市
〔8〕濛江州	吉林省靖宇縣
5）吉林分巡西北路道	黑龍江省哈爾濱市道外區
〔9〕濱江廳	黑龍江省哈爾濱市道外區
〔10〕新城府	吉林省松原市寧江區
〔11〕雙城府	黑龍江省雙城市
〔12〕榆樹直隸廳	吉林省榆樹市
〔13〕五常府	黑龍江省五常市
〔14〕賓州府	黑龍江省哈爾濱市阿城區
〔15〕長壽縣	黑龍江省延壽縣
〔16〕阿城縣	黑龍江省哈爾濱市阿城區
6）東南路道	駐吉林省琿春市
〔17〕延吉府	吉林省龍井市
〔18〕和龍縣	吉林省龍井縣智新鄉
〔19〕汪清縣	吉林省汪清縣
〔20〕琿春廳	吉林省琿春市
〔21〕寧安府	黑龍江省寧安市
〔22〕東寧廳	黑龍江省東寧縣三岔口鄉

吉　林　省	今　地　攷
〔23〕敦化縣	吉林省敦化市
〔24〕穆棱縣	黑龍江省穆棱市
〔25〕額穆縣	吉林省敦化市額穆鎮
7）東北路巡道	駐黑龍江省依蘭縣
〔26〕依蘭府	黑龍江省依蘭縣
〔27〕方正縣	黑龍江省方正縣
〔28〕臨江府	黑龍江省同江市
〔29〕密山府	黑龍江省密山市知一中學
〔30〕虎林廳	黑龍江省虎林市
〔31〕饒河縣	黑龍江省饒河縣
〔32〕樺川縣	黑龍江省樺川縣
〔33〕富錦縣	黑龍江省富錦縣
〔34〕綏遠州	黑龍江省撫遠縣撫遠鎮
臣又案吉林自改行省增設府廳州縣已具於前，其餘尚又擬設而未行者附誌於下	
〔35〕寶清州	黑龍江省寶清縣
〔36〕勃利州	黑龍江省勃利縣
〔37〕臨湖縣	宣統元年擬設於密山府東南興凱湖北

黑龍江省

《皇朝續文獻通攷》卷三百八

黑 龍 江 省	今 地 攷
凡領道一，府七，直隸廳六，州一，縣七	國初有索倫達呼爾鄂倫春諸部散居黑龍江內外額爾古納河及精奇里河之地，天聰崇德中次第征服，康熙二十二年始設鎮守黑龍江等處將軍及副都統駐璦琿，二十九年以後移駐墨爾根，三十八年又移駐齊齊哈爾，後增設墨爾根，黑龍江二副都統及呼蘭，呼倫貝爾，布特哈各正副總管，光緒二十五年又增通肯副都統，視為邊防之地，與吉林等自咸豐之初開放東皇荒，同治以還，客民入籍者漸多，於二年奏設呼蘭廳理事同知，是為建設郡縣之始，光緒甲午而後星使延茂，將軍恩澤迭議放墾，荒蕪日闢，戶口日蕃，三十年三十一年將軍達桂，程德全皆請改設治民之官，乃裁齊齊哈爾，呼蘭，通肯，布特哈四副都統，而添分巡道及綏蘭海道，又增改府廳州縣十四缺，三十三年裁將軍，設黑龍江巡撫，翌年裁墨爾根，呼倫貝爾，黑龍江三副都統及分巡道，尋復增呼倫貝爾，璦琿兩兵備道，及府縣數缺，於是乃具行省之規模焉。
1）龍江府	黑龍江省齊齊哈爾市
2）呼蘭府	黑龍江省哈爾濱市呼蘭區
凡領州一，縣二	
〔1〕巴彥州	黑龍江省巴彥縣巴彥鎮
〔2〕木蘭縣	黑龍江省木蘭縣
〔3〕蘭西縣	黑龍江省蘭西縣
3）綏化府	黑龍江省綏化市北林區
領縣一	
〔4〕餘慶縣	黑龍江省慶安縣
4）海倫府	黑龍江省海倫縣
領縣二	
〔5〕青岡縣	黑龍江省青岡縣
〔6〕拜泉縣	黑龍江省拜泉縣
5）嫩江府	黑龍江省嫩江縣
6）訥河直隸廳	黑龍江省訥河市
7）璦琿直隸廳	黑龍江省黑河市愛輝區愛輝鎮
8）黑河府	黑龍江省黑河市愛輝區
9）呼倫直隸廳	內蒙古呼倫貝爾盟海拉爾區
10）臚濱府	內蒙古滿洲里市

黑　龍　江　省	今　地　攷
11）興東道	黑龍江省蘿北縣太平溝鄉興東村
領縣二	
〔7〕大通縣	黑龍江省通河縣三站鄉
〔8〕湯原縣	黑龍江省湯原縣
12）肇州直隸廳	黑龍江省肇州縣
13）大賚直隸廳	吉林省大安市紅崗子鄉
14）安達直隸廳	黑龍江省安達市任民鎮
臣又案黑龍江改省以後，奏擬增設府廳州縣，有即設，緩設之分，大約墾有成效，地當衝要者爲即設之所，雖已放荒而生聚未盛者爲緩設之所，凡緩設者先委員籌畫墾務而後試辦而後成立，今彙爲附攷如左	
〔9〕林甸縣	黑龍江省林甸縣
〔10〕諾敏縣	內蒙古鄂倫春自治旗諾敏鎮
〔11〕通北縣	黑龍江省北安市通北鎮
〔12〕鐵驪縣	黑龍江省鐵力市鐵力鎮
〔13〕布西直隸廳	內蒙古莫力達瓦達斡爾族自治旗
〔14〕甘南直隸廳	黑龍江甘南縣
〔15〕武興直隸廳	黑龍江省杜爾伯特蒙古族自治縣巴彥查干鄉太和村
〔16〕漠河直隸廳	黑龍江省漠河縣
〔17〕呼瑪直隸廳	黑龍江省呼瑪縣
〔18〕室韋直隸廳	內蒙古額爾古納市室韋鄉
〔19〕舒都直隸廳	內蒙古牙克石失免渡河鎮
〔20〕佛山府	黑龍江省嘉蔭縣保興鄉觀音山
〔21〕蘿北直隸廳	附郭，黑龍江省蘿北縣太平溝鄉興東村
〔22〕烏雲直隸廳	黑龍江省嘉蔭縣烏雲鎮
〔23〕車陸直隸廳	黑龍江省遜克縣車陸鄉
〔24〕春源直隸廳	黑龍江省伊春市
〔25〕鶴岡縣	黑龍江省鶴崗市

臺灣省

《皇朝續文獻通攷》卷三百十五

臺 灣 省	今 地 攷
臺灣省	康熙二十二年大兵東征，經子克塽降，改置臺灣府，領臺灣，鳳山，諸羅三縣，屬福建省，雍正元年增彰化縣，淡水廳，五年增澎湖廳，嘉慶十七年增葛瑪蘭廳，光緒元年增臺北府，基隆，卑南，埔里社三廳，淡水，恆春二縣，又改淡水廳為新竹縣，葛瑪蘭廳為宜蘭縣，與新設之淡水縣，基隆廳並隸臺北府，十一年升改行省，十三年改臺灣府為臺南府，臺灣縣為安平縣，與原有之嘉義（諸羅改稱），鳳山，澎湖及恆春咸隸府屬，而別置臺灣府及附郭臺灣縣，又增雲林，苗栗二縣，與舊臺灣府屬之，彰化縣，埔里社廳並隸焉，又增臺東直隸州，新置花蓮廳，與卑南廳同隸於州，二十年增南雅廳，隸臺南府屬，二十一年以《馬關條約》割隸日本國，鑄斯大錯，可坐忘歟。
1）臺灣府	光緒十三年就彰化東北境橋孜地方新建省城，而以舊府名為名，凡領廳一，縣四
〔1〕臺灣縣	附郭，臺灣臺中市
〔2〕彰化縣	臺灣彰化縣
〔3〕雲林縣	臺灣雲林縣
〔4〕苗栗縣	臺灣苗栗縣
〔5〕埔里社廳	臺灣南投縣埔里鎮
2）臺南府	原名臺灣府，光緒十三年改稱並以彰化縣改屬臺灣府，凡領廳一，縣四
〔6〕安平縣	附郭，臺灣臺南市
〔7〕鳳山縣	臺灣高雄市鳳山區
〔8〕嘉義縣	臺灣嘉義縣
〔9〕恆春縣	臺灣屏東縣恆春鎮
〔10〕澎湖廳	臺灣澎湖縣
3）臺北府	同治之末，日本出兵臺南，威脅生番，朝命福建船政大臣沈葆楨視師臺灣，事平，以開山撫番為請，光緒元年奏設府於艋舺，增改淡水，新竹，宜蘭三縣，與基隆廳同屬之，二十年增南雅廳，又以府城為省會。
凡領廳二，縣三	
〔11〕淡水縣	附郭，臺灣臺北市
〔12〕新竹縣	臺灣新竹市
〔13〕基隆廳	臺灣基隆市
〔14〕南雅廳	臺灣桃源縣大溪鎮

臺　灣　省	今　地　攷
4）臺東州	光緒元年開山撫番之議定，沈葆楨分派營勇開闢道路而後山始通，乃定卑南爲廳治，移南路理番同知駐之，十三年巡撫劉銘傳奏設州治於水尾，並於卑南舊治改駐州同，水尾迤北增蓮花港廳，州判治之。初治水尾（今臺灣花蓮縣瑞惠鄉），後移治臺灣臺東縣卑南鄉
凡領廳二	
〔15〕卑南廳	臺灣臺東縣卑南鄉
〔16〕花蓮港廳	臺灣花蓮縣

新疆省《皇朝續文獻通攷》

《皇朝續文獻通攷》卷三百二十一，內多有論俄人割佔土地者。

新　疆　省	今　地　攷
凡領府六，直隸廳七，直隸州二，分防通判廳二，州一，縣二十一	
1）迪化府	
凡領縣六	
〔1〕迪化縣	附郭，新疆烏魯木齊市
〔2〕昌吉縣	新疆昌吉市
〔3〕綏來縣	新疆瑪納斯縣瑪納斯鎮
〔4〕阜康縣	新疆阜康市
〔5〕孚遠縣	新疆吉木薩爾縣
〔6〕奇臺縣	光緒十五年前位於新疆奇臺縣老奇臺鎮，十五年後移至今奇臺縣
2）鎮西直隸廳，舊名巴里坤	新疆巴里坤縣
3）吐魯番直隸廳	新疆吐魯番市
領縣一	
〔1〕鄯善縣，魯克沁回王城	新疆鄯善縣
4）哈密直隸廳，纏回稱哈木爾	新疆哈密市
5）庫爾喀喇烏蘇直隸廳	新疆烏蘇市
6）伊犁府	
凡領縣二	
〔1〕綏定縣	附郭，新疆霍城縣惠遠鎮
〔2〕寧遠縣	新疆伊寧市
7）精河直隸廳	新疆精河縣
所屬有博羅塔拉分防地	新疆博樂市
8）塔城直隸廳	新疆塔城市
9）溫宿府	新疆阿克蘇市
舊稱阿克蘇回城，領縣二，分縣一	
〔1〕溫宿縣	新疆溫宿縣
〔2〕拜城縣	新疆拜城縣
〔3〕柯坪分縣	新疆柯坪縣
10）烏什直隸廳	新疆烏什縣

新 疆 省	今 地 攷
所屬回莊二十七，布魯特二部	
11）庫車直隸州	新疆庫車縣
領縣一	
〔1〕沙雅縣	新疆沙雅縣
12）焉耆府	新疆焉耆縣
領縣三	
〔1〕新平縣	新疆尉犁縣
〔2〕婼羌縣	新疆若羌縣
〔3〕輪臺縣	新疆輪臺縣
13）疏勒府	新疆疏勒縣
舊喀什噶爾，土人簡稱喀什，領縣二	
〔1〕疏附縣	新疆疏附縣
〔2〕伽師縣	新疆伽師縣
14）英吉沙爾直隸廳	新疆英吉沙縣
15）莎車府	新疆莎車縣
舊稱葉爾羌，領廳一，州一，縣二	
〔1〕蒲犁廳	新疆塔什庫爾干縣
〔2〕巴楚州	新疆巴楚縣
〔3〕葉城縣	新疆葉城縣
〔4〕皮山縣	新疆皮山縣
16）和闐直隸州	新疆和田市
領縣二	
〔1〕于闐縣	新疆於田縣
〔2〕洛浦縣	新疆洛浦縣

新疆省《新疆圖志》

《新疆圖志》卷一至卷四

新　疆　省	今　地　攷
自光緒八年至二十八年，凡設道四，府六，廳十一，直隸州二，州一，縣二十一，分縣二。	
一　鎮迪道	
治迪化府，領府一，廳四	
1）迪化府	
領縣六，分縣一	
〔1〕迪化縣	附郭，新疆烏魯木齊市
〔2〕昌吉縣	新疆昌吉市
〔3〕綏來縣	新疆瑪納斯縣瑪納斯鎮
〔4〕阜康縣	新疆阜康市
〔5〕孚遠縣	新疆吉木薩爾縣
〔6〕奇臺縣	光緒十五年前位於新疆奇臺縣老奇臺鎮，十五年後移至今奇臺縣
〔7〕呼圖壁分縣	新疆呼圖壁縣呼圖壁鎮
2）吐魯番直隸廳	新疆吐魯番市
領縣一	
〔8〕鄯善縣	新疆鄯善縣
3）鎮西直隸廳	新疆巴里坤縣
4）哈密直隸廳	新疆哈密市
5）庫爾喀喇烏蘇直隸廳	新疆烏蘇市
二　伊塔道	
治寧遠縣，領府一，廳二	
6）伊犁府	
領分防廳一，縣二	
〔9〕霍爾果斯分防廳	新疆霍城縣
〔10〕綏定縣	附郭，新疆霍城縣惠遠鎮
〔11〕寧遠縣	新疆伊寧市
7）精河直隸廳	新疆精河縣
8）塔城直隸廳	新疆塔城市

新　疆　省	今　地　攷
三　阿克蘇道	
治溫宿府，領府二，廳一，直隸州一	
9）溫宿府	新疆阿克蘇市
領縣二，分縣一	
〔12〕溫宿縣	新疆溫宿縣
〔13〕拜城縣	新疆拜城縣
〔14〕柯坪分縣	新疆柯坪縣
10）烏什直隸廳	新疆烏什縣
11）庫車直隸州	新疆庫車縣
領縣一	
〔15〕沙雅縣	新疆沙雅縣
12）焉耆府	新疆焉耆縣
領縣三	
〔16〕新平縣	新疆尉犁縣
〔17〕婼羌縣	新疆若羌縣
〔18〕輪臺縣	新疆輪臺縣
四　喀什噶爾道	
治疏附縣，領府二，廳一，直隸州一	
13）疏勒府	新疆疏勒縣
領縣二	
〔19〕疏附縣	新疆疏附縣
〔20〕伽師縣	新疆伽師縣
14）英吉沙爾直隸廳	新疆英吉沙縣
15）莎車府	新疆莎車縣
領廳一，州一，縣二	
〔21〕蒲犁分防廳	新疆塔什庫爾干縣
〔22〕巴楚州	新疆巴楚縣
〔23〕葉城縣	新疆葉城縣
〔24〕皮山縣	新疆皮山縣
16）和闐直隸州	新疆和田市
領縣二	
〔25〕于闐縣	新疆於田縣
〔26〕洛浦縣	新疆洛浦縣

西康《皇朝續文獻通攷》

《皇朝續文獻通攷》卷三百二十二

西　康	今　地　攷
1）巴安府	
舊稱巴塘，光緒三十三年邊務大臣趙爾豐會同川督奏請改流，置巴安縣，尋升改巴安府，領廳二，縣三，分縣一	
〔1〕巴塘舊城	四川省巴塘縣
〔2〕理化廳	四川省理塘縣
〔3〕三壩廳	四川省巴塘縣喇嘛埡鄉銀達村
〔4〕稻城〔註2〕縣	四川省稻城縣
〔5〕貢噶分縣	四川省稻城縣香格里拉鄉附近，即《中國歷史地圖集》清代四川圖之貢噶嶺
〔6〕定鄉縣	四川省鄉城縣
〔7〕鹽井縣	西藏芒康縣納西民族鄉上鹽井村
1）康定府	
舊稱打箭鑪，雍正七年以雅州同知來駐，兼轄巴裏二塘，光緒三十四年升改康定府，領廳一，縣一	
〔8〕打箭鑪舊城	四川省康定縣
〔9〕安良廳	四川省康定縣瓦澤鄉安良壩村
〔10〕河口縣	四川省雅江縣
2）登科府	西藏江達縣鄧柯鄉
本德格土司地，宣統元年德格改流，析其地為五區，以北區為登科府，又設邊北道駐此，三年兼管靈蔥土司地	
〔11〕德化州	四川省德格縣
即德格土司，一名更慶，先是土司之庶弟爭繼為亂，光緒三十四年趙爾豐西征，敗賊於春科，賊北竄石渠，宣統元年官軍追剿平之，土司多吉僧格頗明大義，自請改流，以地廣析為五區，於中區設州，兼管春科及絨霸擦。	
〔12〕同普縣	西藏江達縣同普鄉

〔註 2〕原文作成，今改正。

西　　康	今　地　攷
〔13〕石渠縣	四川省石渠縣
〔14〕白玉州	四川省白玉縣
3）昌都府	西藏昌都縣
〔15〕恩達廳	西藏類烏齊縣桑多鎮恩達村
〔16〕乍丫縣	西藏察雅縣香堆鎮
謹按，西康各地有已經改土歸流或向藏酋取還，雖均設立委員，尚未定州縣名稱者，彙志如左	
〔17〕得榮	四川省得榮縣
〔18〕道塢	四川省道孚縣
〔19〕章谷	四川省爐霍縣
〔20〕瞻對	四川省新龍縣
〔21〕甘孜	四川省甘孜縣
〔22〕江卡	西藏芒康縣
〔23〕貢覺	西藏貢覺縣，西藏管轄時期設官覺宗，宗址在今西藏貢覺縣哈加鄉曲卡村
〔24〕桑昂	西藏察隅縣古玉鄉塔巴寺，西藏統轄時設桑昂曲宗
〔25〕雜瑜	西藏察隅縣
〔26〕三巖	西藏貢覺縣雄松鄉，四川白玉縣山岩鄉跨金沙江一帶地方，趙爾豐武力川邊改土歸流時設武城縣，縣署即位於雄松鄉
〔27〕瀘定橋	四川省瀘定縣
	在康定府東南百三十里，本沈邊，冷邊，咱里三土司地，舊設巡檢，隸打箭鑪廳，宣統三年改流，設委員，北緯二十九度五十分，西經十四度二十分。
	沈邊：四川省瀘定縣興隆鎮沈村
	冷邊：四川省瀘定縣冷磧鎮
	咱里：四川省瀘定縣瀘橋鎮咱里村
〔28〕碩般多	西藏洛隆縣碩督鎮
〔29〕洛隆宗	西藏洛隆縣康沙鎮
〔30〕邊壩	西藏邊壩縣
〔31〕類烏齊	西藏類烏齊縣
〔32〕波密	西藏波密縣
〔33〕白馬崗	西藏墨脫縣
〔34〕三十九族地	見本書《西藏政區攷》之《西藏三十九族土司攷》
〔35〕俄洛	青海省果洛州

西　康	今　地　攷
〔36〕色達	四川省色達縣
〔37〕拉哩	西藏嘉黎縣
〔38〕江達	西藏工布江達縣

西康《中英西藏交涉与川藏邊情 1774～1925》

《中英西藏交涉與川藏邊情 1774～1925》頁二百二十三，根據《西康建省記》的記載，西康府州縣建治的次序如下表。

序號	府廳州縣名目	原屬	改流年代	設治年份	民國縣名
1	巴安府	巴塘土司	光緒三十一年	光緒三十二年年奏設巴安縣 光緒三十四年秋改巴安府	巴安
2	鹽井縣	巴塘土司	光緒三十一年	光緒三十四年奏設鹽井縣	鹽井
3	三壩廳	巴塘，理塘交界處	光緒三十二年	光緒三十四年秋奏設三壩廳通判	義敦
4	理塘廳	理塘土司	光緒三十二年	光緒三十二年奏設理化縣 光緒三十四年秋改理化廳設同知	理化
5	定鄉縣	理塘土司，本名鄉城	光緒三十一年	光緒三十四年秋奏設定鄉縣	定鄉
6	貢噶嶺縣丞	理塘土司	光緒三十一年	光緒三十四年秋奏設貢噶嶺縣丞，歸稻城縣屬	貢覺〔註3〕
7	河口縣	理塘，明正交界處	光緒三十二年	光緒三十四年秋奏設河口縣	雅江
8	康定府	明正土司		光緒三十四年秋奏改康定府	康定
9	康安道			光緒三十四年秋奏設駐巴塘	
10	登科府	德格土司	宣統元年	宣統元年秋奏設登科府	鄧柯
11	德化州	德格土司	宣統元年	宣統元年秋奏設德化州	德格
12	石渠縣	德格土司	宣統元年	宣統元年秋奏設石渠縣	石渠
13	同普縣	德格土司	宣統元年	宣統元年秋奏設同普縣	同普
14	白玉州	德格土司	宣統元年	宣統元年秋奏設白玉州	白玉
15	邊北道			宣統元年秋設駐登科	
16	乍丫縣	乍丫呼圖克圖	宣統三年	宣統三年春設乍丫理事官 1912年秋改乍丫縣	察雅
17	昌都縣	察木多呼圖克圖	宣統三年	宣統三年春奏設理事官 宣統三年秋改昌都縣	昌都
18	得榮	巴塘土司		宣統三年春設委員	德榮
19	江卡	清廷賞西藏地	宣統元年收回	宣統三年設委員	寧靜

〔註3〕貢噶嶺縣丞非貢覺，此處誤。

序號	府廳州縣名目	原 屬	改流年代	設 治 年 份	民國縣名
20	貢覺	清廷賞西藏地	宣統二年收回	宣統三年春設委員.	貢
21	桑昂	清廷賞西藏地	宣統元年收回	宣統三年春設委員	科麥
22	雜瑜	清廷賞西藏地	宣統元年收回	宣統三年春設委員	察隅
23	三巖	野番地方	宣統二年投誠	宣統三年春設委員	武城
24	甘孜	麻書孔撒土司	宣統三年收回	宣統三年春設委員	甘孜
25	章谷	章谷土司		光緒三十年奏設爐霍屯	爐霍
26	道塢	麻書孔撒土司		宣統三年奏設委員	道孚
27	瞻對	瞻對土司 清廷賞西藏地	宣統二年收回	宣統二年夏奏設委員	懷柔
28	瀘定橋	沈邊，冷邊土司	宣統三年	宣統三年奏設委員	瀘定
29	碩般多	清廷賞西藏地	宣統二年春收回		碩督

附《大清一統志》（嘉慶）卷目列表

卷　目	政　區
卷一至卷四	京師
卷五至卷五十六	直隸統部
卷五十七	盛京統部
卷五十八	興京
卷五十九至卷六十三	奉天府
卷六十四至卷卷六十六	錦州府
卷六十七至卷七十	吉林
卷七十一	黑龍江
卷七十二至卷一百七	江蘇統部
卷一百八至卷一百三十四	安徽統部
卷一百三十五至卷一百五十九	山西統部
卷一百六十	歸化城六廳
卷一百六十一至卷一百八十四	山東統部
卷一百八十五至卷二百二十五	河南統部
卷二百二十六至卷二百五十	陝西統部
卷二百五十一至卷二百七十九	甘肅統部
卷二百八十	迪化州
卷二百八十一至卷三百六	浙江統部
卷三百七至卷三百三十三	江西統部
卷三百三十四至卷三百五十二	湖北統部
卷三百五十三至卷三百八十二	湖南統部
卷三百八十三至卷四百二十三	四川統部

卷　　目	政　　區
卷四百二十四至卷四百三十九	福建統部
卷四百四十至卷四百五十九	廣東統部
卷四百六十至卷四百七十四	廣西統部
卷四百七十五至卷四百九十八	雲南統部
卷四百九十九至卷五百十五	貴州統部
卷五百十六至卷五百二十八	新疆統部
卷五百二十九	左哈薩克 右哈薩克 東布魯特 西布魯特
卷五百三十	霍罕 安集延 瑪爾噶朗 那木干 塔什罕
卷五百三十一	拔達克山 博洛爾 布哈爾 愛烏罕 痕都斯坦 巴勒提
卷五百三十二	烏里雅蘇臺統部 烏里雅蘇臺
卷五百三十三	庫倫 科布多
卷五百三十四	蒙古統部
卷五百三十五	土默特 敖漢 奈曼
卷五百三十六	巴林 札嚕特 阿嚕科爾沁
卷五百三十七	科爾沁 札賚特 杜爾伯特
卷五百三十八	郭爾羅斯 喀喇沁

卷　　目	政　　區
卷五百三十九	翁牛特 克什克騰
卷五百四十	喀爾喀左翼 烏珠穆沁 浩齊特 蘇尼特
卷五百四十一	阿巴噶 阿巴哈納爾 四子部落 茂明安
卷五百四十二	烏喇特
卷五百四十三	喀爾喀右翼 鄂爾多斯
卷五百四十四	喀爾喀
卷五百四十五	阿拉善厄魯特
卷五百四十六	青海厄魯特
卷五百四十七	西藏
卷五百四十八	歸化城土默特 牧場
卷五百四十九	察哈爾
卷五百五十	朝鮮
卷五百五十一	琉球 荷蘭
卷五百五十二	西洋 暹羅
卷五百五十三	越南
卷五百五十四	俄羅斯
卷五百五十五	南掌 蘇祿 日本 呂宋
卷五百五十六	緬甸 噠咕喇 整欠 葫蘆國 馬辰

卷　目	政　區
卷五百五十七	港口 廣南 柔佛 彭亨 丁機奴 㗉國 哢國 嘛六甲 宋腒勝
卷五百五十八	合貓里 美洛居 汶萊 榜葛剌 拂菻 古里
卷五百五十九	柯枝 錫蘭山 西洋瑣里 啞齊 南渤利 占城 柬埔寨
卷五百六十	噶喇巴 渤泥 麻葉甕 舊港 法蘭西

附《皇朝續文獻通攷》輿地攷卷目列表

《皇朝續文獻通攷》輿地攷二十六卷，卷三百零五至三百三十。

卷　目	政　區
卷三百零五	京師，直隸
卷三百零六	奉天
卷三百零七	吉林
卷三百零八	黑龍江
卷三百零九	山東
卷三百一零	山西
卷三百一一	河南
卷三百一二	江蘇
卷三百一三	安徽
卷三百一四	江西
卷三百一五	福建，臺灣附
卷三百一六	浙江
卷三百一七	湖北
卷三百一八	湖南
卷三百一九	陝西
卷三百二零	甘肅
卷三百二一	新疆
卷三百二二	四川
卷三百二三	廣東
卷三百二四	廣西
卷三百二五	雲南

卷　　目	政　　區
卷三百二六	貴州
卷三百二七	內札薩克蒙古
卷三百二八	喀爾喀蒙古
卷三百二九	青海
卷三百三零	西藏

附本書引用書目

書　籍

1. 《大清一統志》(嘉慶)，穆彰阿等纂，上海古籍出版社，二〇〇八年一月。
2. 《欽定大清會典》(嘉慶)，托津等纂，文海出版社，中華民國八十年六月。
3. 《欽定大清會典事例》(嘉慶)，托津等纂，文海出版社，中華民國八十年六月。
4. 《皇朝文獻通攷》，清高宗敕撰，商務印書館，中華民國二十五年三月。
5. 《皇朝續文獻通攷》，劉錦藻撰，商務印書館，中華民國二十五年三月。
6. 《清實錄》，中華書局，一九八五年十一月。
7. 《清史稿》，趙爾巽等撰，中華書局，一九七七年十二月。
8. 《理藩院則例》(乾隆朝內府抄本)，趙雲田點校，中國藏學出版社，二〇〇六年十二月。
9. 《欽定理藩部則例》(光緒)，張榮錚點校，天津古籍出版社，一九九八年十二月。
10. 《光緒朝硃批奏摺》，中國第一歷史檔案館編，中華書局，一九九六年十二月。
11. 《清季外交史料》，王彥威纂輯，王亮編，書目文獻出版社，一九八七年九月。
12. 《中國土司制度》，龔蔭著，雲南民族出版社，一九九二年六月。
13. 《四川通志》(乾隆)，黃廷桂監修，張晉生等編纂，《景印文淵閣四庫全書》史部第三一八冊，臺灣商務印書館。
14. 《四川通志》(嘉慶)，常明，楊芳燦編纂，巴蜀書社，一九八四年十二月。

15. 《清末川滇邊務檔案史料》，四川省民族研究所編，中華書局，一九八九年五月。

16. 《西藏志》，成文出版社，中華民國五十七年三月。

17. 《衛藏通志》，文海出版社，中華民國五十四年十二月。

18. 《西藏賦校註》，和寧著，池萬興、嚴寅春校註，齊魯書社，二〇一三年一月。

19. 《西藏圖攷》，黃沛翹輯，臺聯國風出版社，中華民國五十六年十二月。

20. 《西藏奏疏》，孟保著，全國圖書館文獻縮微複製中心，一九九二年九月。

21. 《清代藏事奏牘》，吳豐培編，中國藏學出版社，一九九四年十月。

22. 《鎮撫事宜》，松筠著，全國圖書館文獻縮微複製中心，一九九二年九月。
    （1）《西藏圖説》。
    （2）《丁巳秋閱吟》。

23. 《西藏奏議‧川藏奏底合編》，全國圖書館文獻縮微複製中心，二〇〇四年六月。

24. 《藏輶隨記》（輯自《川藏遊踪彙編》），吳豐培輯，四川民族出版社，一九八五年十一月。

25. 《西藏地名》，武振華主編，中國藏學出版社，一九九六年八月。

26. 《藏北牧民》，格勒等編，中國藏學出版社，二〇〇四年十二月。

27. 《中國藏族部落》，陳慶英主編，中國藏學出版社，二〇〇四年十二月。

28. 《清代西藏與布魯克巴》，札洛著，中國社會科學出版社，二〇一二年八月。

29. 《川藏遊踪彙編》，吳豐培輯，四川民族出版社，一九八五年十一月。

30. 《中英西藏交涉與川藏邊情 1774～1925》，馮明珠著，中國藏學出版社，二〇〇七年十二月。

31. 《西寧府新志》，楊應琚纂，文海出版社，中華民國五十五年六月。

32. 《青海事宜節略》，長白文孚著，魏明章標註，青海人民出版社，一九九三年六月。

33. 《玉樹調查記》，周希武著，吳均校釋，青海人民出版社，一九八六年三月。

34. 《青海省藏族蒙古族社會歷史調查》，青海省編輯組編，青海人民出版社，一九八五年十月。

35. 《甘青藏傳佛教寺院》，蒲文成主編，青海人民出版社，一九九〇年七月。

36. 《新疆圖志》，袁大化修，王樹枏等纂，文海出版社，中華民國五十四年十二月。

37. 《泐史》，李拂一編譯，國立雲南大學西南文化研究室，中華民國三十六年二月。

38. 《車里》，李拂一著，商務印書館，中華民國二十二年六月。

39. 《中國西南歷史地理攷釋》，方國瑜著，中華書局，一九八七年十月。

40. 《中國歷史地圖集釋文匯編　東北卷》，譚其驤主編，中央民族學院出版社，一九八八年九月。

地圖及電子地圖

1. 《大清一統輿圖》（乾隆），全國圖書館文獻縮微複製中心，二○○三年十月。

2. 《中國歷史地圖集》，譚其驤主編，中國地圖出版社，一九九六年六月。

3. 《軍民兩用分省系列交通地圖冊》（文中簡稱《地圖》），星球地圖出版社，二○一一年一月。

4. 《中國分省系列地圖集》，星球地圖出版社，二○○九年六月。

5. 《中國文物地圖集‧西藏》，國家文物局主編，文物出版社，二○一○年十二月。

6. 《西藏自治區地圖冊》，西藏自治區測繪局編製，中國地圖出版社，一九九六年九月。

7. 《中國電子地圖 2005》，北京靈圖軟件有限公司制，人民交通出版社。

8. 《百度電子地圖》。

9. 《谷歌地球》。

論　文

1. 《王化家族，基於對西祁土司的歷史攷察》，張海雲撰，《青海民族研究》，二○一○年○四期。

2. 《波密史料札記》，楊一眞撰，《西藏研究》，二○○四年○三期。

3. 《乾隆年間雲南邊外土司建置研究》，鄒建達撰，《中國邊疆史地研究》，二○○一年○二期。

4. 《涼山土司衙門遺址》，姜先傑撰，中國社會科學網。